Romantic and Dream Vacations

全球81处浪漫旅行地

[意] 加斯米娜·特里弗尼　著　　张紫微　译

華中科技大學出版社
http://press.hust.edu.cn
中国·武汉
有书至美
BOOK & BEAUTY

目录

29
31
30
32
33
34
36
37
35
38
39
40
43
42
41
46
44
45
49
48
47
28
51
27
52
26
23
22
15
14
13
12
4
20
17
21
16
18
19
24
25
54
53
55
11
56
57
58
59
60
61
7、8
2
1
3
6
5
9
10

你想走进童话城堡还是沙漠野帐？

19世纪末，从尼斯绵延至芒通的“蔚蓝海岸”边，年轻的英国夫妇们沐浴在阳光下享受浪漫的旅程，法国人称之为“英式旅行”。对法国人来说，这是一桩稀奇事。但对于欢度蜜月的英国夫妇，在海边小屋遥望大海，沉浸在地中海的色彩与气息中，却可谓一场奇妙探险。这不仅因为那时的旅行大多漫长而疲惫，充满不可预知的状况，更因为“蜜月”已然成为开启婚姻生活的新奇方式。

“蜜月”一词可以追溯至古巴比伦时期，特指婚礼后的第一个月。依据当时的传统，新婚夫妇要喝蜂蜜酒，即一种由蜂蜜发酵后制成的具有催情效果的饮料，“蜜月”应该就是因此而得名。而我们如今所熟知的“蜜月假期”，也就是婚后的浪漫假日，则是近代的产物。它的出现要归功于维多利亚女王（Queen Victoria）的忠实臣民，他们让“蜜月旅行”成为了一种流行风尚。在维多利亚时代，人们最喜爱的蜜月度假胜地是法国，那里就像一片激情的乐土（毕竟英语国家的人至今仍然使用“法式之吻”形容最激情的热吻）。其次是意大利最慵懒和充满艺术气息的地方，即从威尼斯、托斯卡纳到那不勒斯湾一带。

从最初蜻蜓点水般的短期旅行开始，蜜月旅行已经走过了100多年的历史。如今，如果婚礼之后没有蜜月旅行，反倒有些奇怪。其实，现在也不一定要在正式结婚的当月才安排一场浪漫旅行，无论何时何地，一场二人世界的旅行都是一桩美事。情侣们可以一起在旅程中加深对彼此的了解，试探两人相处得如何，或是放松身心，远离尘嚣，享受彼此的陪伴。又或者，他们可以在如梦似幻的场景中歌颂爱情，也可以试图挽救一段关系，希望它不要沦为噩梦一场。

至于旅行的目的地，更是天高海阔，无远弗届。因此，我们决定为热爱旅行的人们呈献此书，介绍那些美丽的浪漫度假胜地。首先我们将前往法属波利尼西亚，以此向热情而多情的法国人民致敬，他们曾在这些珍珠般的南太平洋岛屿开拓殖民地，而波拉波拉岛是全球公认的最美丽、浪漫的岛屿。更重要的是，我们希望能充分唤起你对所有这些梦幻旅行地的向往，不论是著名胜地（名人幽会的常顾之所）还是隐秘桃源：从加勒比海和印度洋中神奇热带岛屿的白色沙滩，到世界最热门的山地景区中同样无瑕的皑皑白雪；从艺术之都和可爱旧世界的宁静村庄，到狂野而迷人的亚马逊雨林和非洲原野。你可以选择前往伟

献给每个浪漫旅行地的爱情故事

大爱情故事的诞生之地，比如罗密欧与朱丽叶的故乡维罗纳，或是印度的阿格拉，这里拥有《一千零一夜》中绚丽的泰姬陵，是古往今来痴情男子为爱人建造的最震憾人心的纪念建筑。你可以根据自己的品味和偏好，在樱花盛开的春季来到古老而神秘的日本古都京都，潜心沉思，感受艺伎文化；或是在冰雪魔幻世界拉普兰来一场浪漫的探险；还可以夜宿澳大利亚中部艾尔斯岩下的豪华帐篷；或是在美国西部壮丽峡谷的绵延沟壑中停歇。

在这本梦幻之书中，我们希望提供一些能够点燃情侣之旅激情的目的地。你们酷爱美食吗？那就去法国的香槟区，在葡萄园和酒窖中漫步，品味世界上最性感的起泡酒。你喜欢养尊处优的生活吗？那就一定要去泰国纵享按摩的舒爽。如果你想坐船旅行，注意，这可能是对爱情最无情的考验：你可以架着小舟或乘着帆船漫游土耳其海岸或加勒比群岛；或者，乘着让居斯塔夫·福楼拜（Gustave Flaubert）迷恋上埃及的古老双桅风帆船，在尼罗河上航行。在本书中，我们也会考虑到你们处于各种环境中的不同情绪与感受，比如身处纳米比亚的沙丘、无尽的智利阿塔卡玛盐沼，或是面对奇异的玛雅文化、不丹的佛教僧侣。在不丹，人生的基本思想是分享幸福与快乐。本书也会给出一些关于如何享受独特旅行的创意，不知你是否愿意在希腊圣托里尼岛的落日熔金中步入婚姻的殿堂，或者在飞越澳大利亚大堡礁中的心形岛时为爱人戴上订婚戒指。

伟大的建筑师密斯·凡德罗（Mies van der Rohe）说过，“细节就是上帝”。为此我们还为每个旅游胜地精选了一处独特的度假居所，包括精品酒店、船舶甚至是在夜空繁星下的一张豪华大床，这些都将成为你梦幻浪漫假期中完美的栖居之所。换言之，本书中的一切都可以让你尽情想象和安排一生中最迷人的假期，不论是蜜月度假，还是仅仅一个周末的狂欢。你只需要考虑一个看似很小却至关重要的问题，那就是你希望与谁共享这段浪漫旅程。

P2—3　在马赛马拉的清晨游猎中聆听非洲的心跳。
P8—9　马尔代夫，99%的水世界，情侣们的天堂。

波拉波拉岛 / *Bora Bora*

法属波利尼西亚

P10（上） 仅仅从飞机舷窗中的惊鸿一瞥，波拉波拉岛都令人心驰神往。这里有着水晶般清澈的泻湖、耀眼炫目的白沙和青翠欲滴的植被，是世界上最美丽的岛屿。

P10（下） 来到奢华的波拉波拉四季度假酒店（Four Seasons Bora Bora）的情侣们无不希望假期永不终结。

P11 727米高的奥特马努峰（Mt. Otemanu）是波拉波拉岛的最高峰，它和帕伊阿峰（Mt. Pahia）都是几百万年前就盘踞在波拉波拉岛上的火山残余。

对波利尼西亚人来说，波拉波拉岛即“瓦瓦伊岛”（Vava'i），是由造物神塔阿若（Ta'aroa）创造的“首生之地”，也就是“第一个被创造出的地方”。尽管可能没什么直接关系，但是不论是1777年抵达波拉波拉岛的航海家詹姆斯·库克（James Cook），还是如今成千上万的旅行者，对所有人来说，波拉波拉都是全世界“第一”美丽的地方。

这里的一切都那么完美，是梦幻之岛的典范，甚至其地理特征和形状都无可挑剔。这片南太平洋海域曾经是法国的殖民地，充满了传奇色彩。300万年前的火山爆发，造就了这座36平方千米的小岛。如今，这里仍矗立着奥特马努峰和帕伊阿峰两座黑色熔岩山峰，远远望去仿佛两座童话城堡，掩映在苍翠的丛林中。著名的碧蓝色泻湖绕岛而生，将一串当地人称之为“莫图”（Motu）的珍珠项链般的小岛“围困”其中。这些小岛从宝石般的堡礁中孕育而出，壮丽绚烂的珊瑚礁在水下肆意生长，还有700多种鱼在这里繁衍生息。

波拉波拉岛最大的“莫图”岛上建有一座机场，而其他岛屿上几乎都建有豪华度假酒店。每座小沙岛上都排列着典型的波利尼西亚式小木屋“费拉”（Fare），屋顶上铺着棕榈叶。还有“费拉佩洛蒂”（Fare piloti），这种浪漫至极的水上小屋就悬于泻湖上，从它的私人露台上可以俯瞰海底风光。这些极尽奢华的度假酒店，竞相为游客奉上难忘的经历，其中就有最轻松自在的波利尼西亚式婚礼，伴随着传统舞蹈和馥郁鲜花，给游客们打造恣意的美好时刻。

在这些酒店中，情侣们尤其喜爱位于莫图特胡图（Motu Tehotu）的波拉波拉四季酒店。在这里，清晨一睁开眼，就有特别的款待等着你。两名戴着木槿花环的波利尼西亚人，划着当地独特的独木舟从海上而来，停靠在你的房前，他们吹响海螺制成的古老乐器，为你献上热带风味的丰盛早餐。

以这样的方式开启新的一天，可想而知在波拉波拉的每一天都将是完美的旅程，你可以在海滩上享受极致的悠闲。莫图塔普岛（Motu Tapu）是必去的一站，那是曾属于王室的私人小岛，静谧而浪漫。还可以参与陆地和水上的各种趣味活动，独木舟探险、夕阳下的双体船漫游、日光浴、浮潜、喂食鲨鱼等特别的体验层出不穷，令人乐而忘返。

P12 在波拉波拉岛，我们完全无法确定是陆上还是水中更令人惊艳。不过，如果不来一场潜水探险，去观察色彩斑斓而生物种类多样的堡礁，则必定是一场憾事。

P12—13 这里有一种名为“费氏窄尾魟（Pink Whipray）”的波利尼西亚特有的鱼，看它们在波拉波拉泻湖清浅的水中优雅游弋，真是令人迷醉。

在岛上，我们可以到椰树种植园和森林中漫步，然后爬到山上。或者，去了解波利尼西亚的文化，探索点缀在海岸线上的古老石圣殿毛利会堂（Marae）。要么不妨去购物，来波利尼西亚度假时，也是为爱人送上当地珠宝的好机会。那彩虹般的颜色，从浅灰到深黑，反射并深化着人们对这座世界上最美丽岛屿的一切感知，直到永远。

万努来雾岛 / *Vanua Levu*

斐济

“南太平洋综合征”这种“疾病”应该列入医书之中。那些来到斐济群岛并想在此度过一生的人们，应该对这种“疾病”再熟悉不过了。由大约330座火山和珊瑚岛屿组成的斐济群岛，白色沙滩上环绕着棕榈树和泻湖，如同电影《青春珊瑚岛》（*Blue Lagoon*）中经典浪漫的风景，这部电影为整整一代人打开了梦幻世界的大门。

很多经典大片如《荒岛余生》（*Castaway*）就是在此取景。许多人想象如汤姆·汉克斯（Tom Hanks）那样，在触礁沉船后，能够来到岛上游泳、潜水，探索迷宫般的世界第三大珊瑚礁，永不停歇。如果不巧赶上一阵大雨，就跑到岛上的树林、火山峰和田园中避雨，也不失为一件乐事。当地人民也会充分让游客感受到他们的热情好客，他们总是为游客们准备好象征兄弟情谊的卡瓦酒（Kava），一种用胡椒根茎捣碎制成的美拉尼西亚传统饮料。

19世纪，西方的水手将美拉尼西亚人描述为“世界上最野蛮的民族”。在那个年代，他们也许说得没错，因为彼时食人族在当地并不少见。如今却是相反，斐济旅游局提出的口号“斐济，让幸福来找你”可谓抓住了这里的精髓。在那些“幸福创造者”之中，值得一提的是传奇海洋探险家之子让-米歇尔·库斯托（Jean-Michel Cousteau），他在万努来雾岛上建造了群岛中最奢华的生态度假酒店，包括25座私人布雷草屋（Bure）。这种斐济传统的小屋，屋顶由棕榈叶铺就，掩映在椰树林中，出屋几步之外便是夺人心魄的万顷碧波。

尽管人们乐于享受无所事事的状态，但如能在距离度假酒店只有几百米（并且接受情侣私密一日游预订）的纳维亚维亚（Naviavia）小岛上悠闲地野餐，或是来一次传统的椰子油按摩，都将是奢华的美妙享受。你一定会被这里提供的各种活动所诱惑，因为每一项都将是难忘的经历。

P14—15 从空中俯瞰万努来雾岛上由传奇海洋探险家之子让-米歇尔·库斯托建造的库斯托度假酒店（Cousteau Resort）。游客们可选择的活动花样繁多，但是一定不能错过和海洋生物学家在壮丽的珊瑚礁间潜水、浮潜。

你可以选择，甚至可以说必须选择下海潜水或浮潜，背着氧气罐与度假酒店的海洋生物学家一起畅游珊瑚礁的世界。花几个小时远离沙滩，去探索岛上壮美的自然风光，或是前往大城市萨武萨武(Savusavu)，徜徉在独特的市场中，感受当地特色与来自印度和中国的香料风味在这里融为一体。到了晚上，斐济特色的烙福（Lovo）盛宴闪亮登场，带给情侣们幸福的感受。伴着传统风情洋溢的米克舞(Meke)，情侣们享受着亲密时光，还可以在延伸至清澈泻湖的码头上品味浪漫晚餐。此情此景只有一个词可以形容，那就是“爱情”。

P16 退潮的时候，你可以从万努来雾岛步行前往小荒岛纳维亚维亚。看夕阳变幻的色彩倒映在海上，也是一场奇妙的体验。

P17（上） 度假酒店的按摩室建在斐济独特的棕榈木质布雷草屋中，可以在海风轻抚中享受传统的椰子油按摩。

P17（下） 从萨武萨武海滩延伸向湛蓝泻湖的度假酒店码头上，情侣正在享受浪漫的烛光晚餐。

瓦瓦乌群岛 / *Vava'u*

汤加

P18 从飞机舷窗俯瞰瓦瓦乌群岛，其中每一座岛屿都如同仙境一般令人沉醉，而此时能看到的仅仅是冰山一角。瓦瓦乌群岛中有50座小岛的水下沿岸生长着珊瑚礁，绽放出炫目的色彩，可以在帆船上一饱眼福。

P19 世界上唯一一片可以在7—11月体验与鲸鱼共游的海域就在瓦瓦乌群岛，此期间鲸鱼会从南极洲洄游至此生育幼崽，直到结束哺乳期。

被誉为“汤加国宝”的图伊·马里拉（Tu'i Malila）逝世于1965年，享年188岁。它是一只巨龟，是库克船长于1777年7月登陆此地时赠送给汤加国王的礼物。库克船长到达时，正赶上汤加在举行一年一度的“伊纳西”（Inasi）仪式，以庆祝这片肥沃土地慷慨给予的丰硕果实。库克船长在南太平洋其他地区不得不面对极具攻击性的土著人，但在这里却受到了隆重的礼遇，当然也许在某种程度上是由于他赠送的礼物。因此，库克船长将此地命名为“友谊群岛”（Friendly Islands）。尽管对他来说这次旅程可谓“一帆风顺”，但对于后人就没那么幸运了，直到一个世纪前，汤加的食人族还普遍存在。举例来说，19世纪中期，一艘满载美国乘客的游船来到汤加，最后几乎所有人都成了汤加人的盘中餐，除了伊丽莎白·莫西（Elisabeth Mosey），她能幸存的唯一原因是一位酋长爱上了她，想与她结婚。的确，汤加是太平洋地区唯一一个从未被殖民过的国家。

现在当然没什么可担心的了，这些早已时过境迁。如今，汤加王国衷心地欢迎游客来到这迷人的国度，在其拥有的4组群岛上欢度假期，不论停留时间的长短。在这4组群岛中，排名第一的当属瓦瓦乌群岛，50座岛屿（其中多数无人居住）点缀在堡礁之中，有着美轮美奂的色彩变化、丰富多样的生物和能见度可达40米的清澈水域，是太平洋地区名副其实的帆船旅行最佳目的地。

享受瓦瓦乌的最佳方式就是租一条船，可以选择来自新西兰的租赁公司穆灵斯（The Moorings），让船员们带你在群岛之间航行。行程一般都会在10天左右，全面游览卡帕岛（Kapa）、凯努图岛（Kenutu）、莫努岛（Mounu）和努库（Nuku）等岛屿。岛上都有村落人家，蜜月情侣可以领略当地文化，探访海蚀洞穴和布满棕榈树的白沙滩，假想自己是鲁滨逊（Robinson），身处浩渺泻湖之中的无人小岛上。如果一切显得太过安逸，你既不想在荒芜的小岛上上演荒岛余生的戏码，也不想沐浴着落霞，享受热带水果与爱情的滋润，那么还可以挑战的情侣游戏，是在珊瑚礁间浮潜，或是与魔鬼鱼（Mantas）共舞，欣赏它们芭蕾演员才能媲美的优雅身姿。从7月至9月，在这里，也只有在这里，才能体验与鲸鱼共游的难忘经历。届时它们会从南极出发，经过8047千米的跋涉洄游至此生育幼崽，直至结束哺乳期。

可爱岛 / *Kaua'i*

美国

别再想着威基基海滩（Waikiki Beach）和那群穿着艳俗花衬衫的游客们了。至于毛伊岛（Maui）上冲浪者所谓的“大日子”也可以忽略。如果你已经拥有了伴侣，他们的派对你也不会想参加。简而言之，就是要跳过，最好是飞过最著名的美国气息浓郁的夏威夷岛屿，而去往目前最隐秘的岛屿——可爱岛。这座岛的地形从某种程度上导致了它的鲜为人知。在这里，一切探索活动都是缓慢而考验体力的，不论是爬上北部纳帕利海岸（Na Pali Coast）令人晕眩的玄武岩峭壁，眺望一览无余的美景，还是深入岛屿中心长达19千米、深达853米的威美亚大峡谷（Waimea Canyon）。木槿花是岛上浪漫自然景致的见证，也因此成为夏威夷州的象征。它的花瓣在一天中会变换多种颜色，早上是淡黄色，中午是橘色，落日时分又变为暗红色，以迎接黑夜的到来。如果想更浪漫些，情侣们则可前往椰子海岸（Coconut Coast），那里金黄柔软的沙滩绵延整个岛屿南岸。1961年，一部浪漫甜蜜的电影《蓝色夏威夷》（*Blue Hawaii*）在这里拍摄，由让一代少女（和曾经的少女）春心泛滥的猫王埃尔维斯·普雷斯利（Elvis Presley）主演。历史表明，这里存在着某些令人无法理解的神秘力量。可爱岛第一批居民在公元200年左右到来，比其他岛要早500年左右。岛民们享受着平和的环境，直到1778年库克船长在怀梅阿登陆，永远改变了这个隐蔽之岛的生活方式。但时至今日，这里仍是受人类活动影响最小的地方，至少与其他大型岛屿相比确实如此。可爱岛的居民坚称，当年将“侵略者”抵挡在外的功臣是夏威夷神话传说中的梅内胡内人（Menehune）。不过合理的解释是，在这座几乎为原始状态的蛮荒岛屿上，根本无法建造高于棕榈树的建筑。尽管檀香山（Honolulu）的摩天大楼鳞次栉比，可爱岛上却仅有海边几座生态私密度假酒店。其中最佳当属普林斯维尔圣瑞吉酒店（St. Regis Princeville），它拥有精致优雅的环境，且建筑与自然风景完美融合。毋庸置疑，可爱岛多了那么一点锦上添花的元素，能够让人情不自禁地坠入爱河。但是，只有一路探险到达蕨类植物环绕的费恩格罗托（Fern Grotto），也就是古老传说中丰饶之神罗诺（Lono）的居所，你才会清晰地认识到这一点。如果你想找一处神秘的所在，为你的她戴上订婚戒指，那么你已经找到了。

P20—21 一缕浪漫夕阳映在普林斯维尔圣瑞吉酒店。纳帕利海岸的悬崖如此雄伟高耸。

蓝山 / *The Blue Mountains*

澳大利亚

P22 在受到联合国教科文组织（UNESCO）保护的蓝山地区，幽静、奢华而生态环保的阿联酋沃尔根峡谷温泉度假酒店（Emirates Wolgan Valley Resort），是情侣享受广袤自然荒野的理想选择。

P23 从悉尼出发仅需2个小时的车程，就可以到达三姐妹峰（Three Sisters），这里可以看到蓝山最负盛名的砂岩构造。

“瓦勒迈杉”(Wollemia nobilis)被誉为20世纪最伟大的植物学发现。人们一度以为它和恐龙一同灭绝了，但是当博物学家大卫·诺贝尔(David Noble)于1994年9月在蓝山的峡谷森林中探索时，这种高大的针叶树都奇迹般地出现在了他的眼前。这一发现有着不可思议的运气成分，尤其值得一提的是，这片山脉位于人口稠密的新南威尔士州(New South Wales)，是澳大利亚交通最便利和最受欢迎的自然天堂。而诺贝尔发现这一植物的峡谷，距离悉尼这样的大都市仅有150千米。考虑到这样的环境条件，便更觉神奇了。不得不说，蓝山是一片奇迹之地。它的名字来源于澳大利亚夏日风景的梦幻色彩，高温使桉树的芳香油释放出微粒，在阳光的照射下产生化学反应，在紫外光谱中折射形成蓝光。而在春秋两季，则会出现一种名为“幻影瀑布”的神秘天气现象，在较为潮湿的环境中，弥漫的水雾会以每秒20米的速度迅速下落。幻影瀑布的宽度可达1006米，并可持续几分钟至数小时不等，然后转瞬消失。

蓝山占地面积达上万平方千米，建有8个保护区，有着历经几百万年侵蚀而构造出的绝美山峰与峡谷、瀑布(与前文所述的几个地方不同，这里的瀑布四季常流)，还有神奇的桉树林以及掩映其间静待人们探索的洞穴群。至于动物，这里栖息着52种哺乳动物，主要包括灰袋鼠、沙袋鼠、考拉和袋熊等。

蓝山中的文化遗产同样令人叹为观止，土著居民已经在这里生活了上千年，留下了丰富精美的石刻遗址。由于与悉尼相距不远，这里更是成为周末举办各种活动的理想场所。极限运动的爱好者们可以攀岩；如果喜欢营造浪漫的氛围，情侣们可以沿着风景如画的齿轨铁路乘坐小火车欣赏美景，或是在迷人的峡谷间徒步旅行；甚至可以买一张音乐会的门票，坐在第一排，聆听悉尼爱乐乐团(Sydney Philharmonic Orchestra)在林间空地上的精彩演出。如果你希望有几天时间远离一切世俗尘嚣，在蓝山的自然荒野中，还隐藏着许多度假酒店。其中，最为幽静奢华的是阿联酋沃尔根峡谷温泉度假酒店，可以提供40间套房，每间都配有私人泳池，可以遥望如同《侏罗纪公园》(*Jurassic Park*)中场景的壮阔景致。此外，这里还毗邻一处有着100个远古瓦勒迈杉样本的神秘峡谷。

艾尔斯岩 / *Ayers Rock*

澳大利亚

P24 对原著民来说，艾尔斯岩名为“乌鲁鲁”（Uluru），是与当地创世神话紧密相连的“红色之心”。因此，我们来到这里应该心怀崇敬。艾尔斯岩地处东经131°，被列为世界文化与自然双重文化遗产。矗立于茫茫荒野之上的艾尔斯岩，镌刻着丰富的文化遗产与永恒的历史，在澳大利亚辽远的内陆沙漠中为人们带来极致静默与唯美的洗礼。

P25 在乌鲁鲁-卡塔丘塔国家公园（Uluru-Kata Tjuta National Park）里骑着骆驼前往原住民的圣地。最激动人心的景象出现在日落时分，夕阳照耀下的大地闪烁着奇异的光彩。

万物之初，始于朱库尔帕（Tjukurpa）创世纪，或称为“梦创时代”（Dreamtime）。当时地球还是一片虚无，没有明与暗之分，自然在等待神圣祖先的灵魂赋予其形态和生命。是他们用灵魂创造了“红色之心”乌鲁鲁巨石，以见证所发生的一切。这就是当地原住民阿南格族（Anangu）的创世传说，这一民族也将乌鲁鲁视为最崇高的精神象征。而发现乌鲁鲁的探险家威廉姆·高斯（William Gosse），又将其命名为“艾尔斯岩”。如今，阿南格族人拥有并掌管着保护乌鲁鲁巨石的国家公园，而对其他人来说，这是澳大利亚内陆最重要的自然遗址。阿南格族人在阻止人们攀登巨石，因为这是对圣地的亵渎。

这座巨大的砂岩山丘从沙漠中平地而起，高348米，周长9.3千米。但如同冰山一样，其中大部分都深埋于地下。然而目之所及的部分，已足够令人叹为观止。这块巨大的沉积岩形成于约3亿年前，外表有一层含铁的包裹体，在氧化作用下形成独特的橙锈色。每当黎明和黄昏，艾尔斯岩便会被光线映射出红色的光芒，与东升西落的太阳及天空交织出似乎不属于这个星球的炫彩奇观。就是在这短暂的瞬间所激发的震撼感，令英国经验丰富的旅行者及作家布鲁斯·查特文（Bruce Chatwin）心醉神迷，他将其最负盛名的著作《歌之版图》（*The Songlines*）献给了乌鲁鲁和当地土著神话。查特文深深崇敬阿南格族人，他在书中写道：“他们在地球上留下轻盈的足迹，他们从地球索取得越少，需要还予地球的就越少”。

因此，在欣赏阿南格族祖先的梦幻之地时，要谨记这些话语，尊重他们对于圣地的规定——范围包括乌鲁鲁岩石和附近的“奥尔加山”（Mount Olga / The Olgas），这是卡塔丘塔，或“多头之地”中嶙峋怪岩的“外语名称”。漫步在壮丽的瓦帕峡谷（Walpa Gorge）中，了解当地奇异的地质历史，是一次必不可少的知识之旅。

与阿南格人的精神和生态哲学相符合，且最合乎道德标准的浪漫宿处是豪华露营地“经度131”（Longitude 131°），它以致敬艾尔斯岩的地理坐标而得名。

这是一家体现“奢华露营”（glamping）的概念的生态度假酒店。每顶帐篷都向一位早期探险家或开拓者致敬，且都配有便于欣赏巨岩的玻璃墙，使游客在晨曦中醒来，就能目睹太阳在这处古老遗迹的上空升起。

P26 “经度131”的名字取自艾尔斯岩的地理坐标。每分每秒，不论是在床上静卧，在沙丘之屋享受美食，在泳池游泳，或是在沙丘顶上欣赏风景，乌鲁鲁巨岩强大的气场都会伴你左右。

P27 巨大的帐篷内部是现代化的宽敞空间。每顶帐篷都在向曾经探索过这片土地的欧洲开拓者致敬。帐篷中还陈设有历史期刊、艺术品和阿南格人制作的土著工艺品。

汉密尔顿岛 / *Hamilton Island*

澳大利亚

P28（上） 白天堂海滩（Whitehaven Beach）是澳大利亚最负盛名的海滩，因其长达6千米的纯白硅砂海滩而闻名。

P28（下） 汉密尔顿岛的夸利亚度假酒店（Qualia Resort）提供独特的澳大利亚式顶级奢华体验，一切服务都经过精心设计，使顾客得以放松身心，尽享感官盛宴。

P29 情侣们在圣灵群岛（Whitsunday Islands）度假期间，一项必不可少的神奇浪漫体验就是乘坐小型飞机，从空中俯瞰大堡礁（Great Barrier Reef）的全貌。

1975年，圣灵群岛航空（Whitsunday Air）的一位飞行员在飞越大堡礁时发现了心形礁（Heart Reef）。此后，尽管只有最大直径17米多的狭小面积，心形礁已经成为澳大利亚的浪漫象征。因此，如果你想在澳大利亚度假期间求婚，不妨采纳这个建议：计划一场海上观光飞行，在到达哈迪礁群泻湖（Hardy Lagoon），心形礁的正上方时，飞行员会点头示意，这就是取出戒指的最佳时刻。飞机随后会开往胡克礁（Hook Reef）和诱饵礁（Bait Reef），然后降落在世界上最美丽的白天堂海滩的碧蓝大海前。你可以和爱人在此一起野餐，品尝香槟。诚然，这样的安排可能显得过于煽情，但是你会惊讶地发现，无数男士决定实践这一计划，并且全部求婚成功。不过，另一方面，在位于大堡礁中心、包含74座小岛的圣灵群岛度假期间，像这样夸张的阵势也可能反倒显得多余。

汉密尔顿岛是这片群岛的枢纽，其面积仅有4.9平方千米，却成为了澳大利亚热带风情的缩影。这里有壮美的沙滩，清新的自然环境，还可以与沙袋鼠和考拉亲密接触，并享受澳大利亚极致奢华的夸利亚度假酒店，这是专家和热情的游客投票选出的澳大利亚最佳度假酒店。夸利亚度假酒店由传奇的游艇与酒业大亨鲍勃·奥特利（Bob Oatley）所有，拥有60间独立房间，有些配有私人泳池，且都与四周的热带丛林风光完美契合。同时，这家奢华私密的酒店的服务人员还会为情侣组织各项激动人心的活动，从帆船旅行到浮潜和潜水，还有赏鲸之旅，可谓应有尽有。每年6月至9月，大堡礁附近的海域都是鲸鱼的避风港。

虽然汉密尔顿岛上还提供各种时尚购物和晚间娱乐活动，但圣灵群岛中的每一座岛屿都美若天堂，且各具特色。追随最初定居于南莫尔岛（South Molle Island）、胡克岛（Hook Island）和最大的圣灵群岛的原住民的足迹，沿着尼哥洛海路径（Ngaro Sea Trail），就能一一进行探索。岛屿之间的距离非常近，可以轻松地乘船到达，并且都有清晰标记出的航道。在距离201米到6千米多不等的地方，散布着雨林、远古石刻和瀑布。当然，还有绝妙的沙滩。不论是乘坐水上飞机（携着戴上婚戒的爱人）还是独木舟，白天堂沙滩都会令你惊叹，海滩上含量高达98%的硅砂仿佛百万颗钻戒，在阳光下熠熠生辉。

唯逸海曼岛 / One&Only Hayman Island

澳大利亚

P30（上） 海曼岛上热带植被繁茂葱郁，是真正只为极少数人保留的伊甸园。

P30（下） 距离豪华卧室仅有一步之遥的游泳池，欢迎情侣们前来浪漫夜泳。

P31 白碧相间的沙滩遮阳伞（与碧海白沙同色）仿佛一面旗帜，宣告对神奇的兰福德岛（Langford Island）拥有为期一天的专属所有权。

即使在大型鱼种中，它们的体型也偏庞大，它们有着彩虹般的颜色，从碧蓝色到海蓝色，从明亮的绿色到柔和的粉灰色，并伴有黄色的网状花纹。它们厚厚的嘴唇仿佛刚做完整形手术。有人说，当它们看到戴着氧气面罩和脚蹼的漂亮女性，就会用那厚厚的嘴唇献上亲吻。这就是澳大利亚人所称的苏眉鱼（Maori Wrasse），它们栖息于蓝珍珠湾（Blue Pearl Bay）的岩石、珊瑚礁和海扇中。这是海曼岛最温馨美妙的“自然地址”，就位于圣灵群岛北部边界的大堡礁中。

海曼岛是整片群岛最热情好客和震撼人心的所在，这一点是不言而喻的。在这座镶嵌在世界上最美丽海域的珍珠般的小岛上，那些有幸在蓝珍珠湾见到毛利隆头鱼的游客，尤其是携手同游的情侣，会深感此生已别无他求。他们最多会想再到距离海曼岛不远的另一处天堂——兰福德岛的白沙滩上散散步。

在海曼岛度假将是一次独特的体验。这座岛屿由詹姆斯·库克船长发现，并且注定将声名远播，就连其众多美丽的“姊妹岛”也无出其右。19世纪晚期，该岛更名为海曼岛，以纪念托马斯·海曼（Thomas Hayman）船长，他曾与海军中将乔治·纳雷斯（George Nares）带领船只首次驶入苏伊士运河（Suez Canal），并随后进行了极度危险的环南极洲航行。1947年，该岛被澳大利亚航空业先驱雷金纳德·安塞特（Reginald Ansett）购买，在3年后建成皇家海曼酒店（Royal Hayman Hotel）并正式对外开放。很快，英国国王与女王就对此地进行访问并下榻该酒店，为这里带来了无上荣耀。在过去的60余年中，海曼岛几经易主，并逐渐享誉全球，成为蜜月旅行和掌权者举行私密会议的专享胜地。1995年，英国新工党领袖托尼·布莱尔（Tony Blair）在此会见澳大利亚电信巨头鲁伯特·默多克（Rupert Murdoch），寻求并最终获得了随后在英国竞选中的支持。2014年7月1日，这里由超豪华私人岛屿度假酒店唯逸海曼岛度假酒店（One&Only Resort）及其管理层接管。这是一处梦幻的避难所，一切都完美无瑕，从优雅的酒店套房到天堂般的花园、美食、温泉水疗、水上飞行，还有诸多量身定制的浪漫活动，比如和苏眉鱼在水下接吻。

陶波湖 / *Lake Taupo*

新西兰

公元186年，欧洲的天空突然变成了红色。当时的古罗马编年史家对此现象给出的唯一解释是，这预示着上帝的愤怒。几个世纪后，人们才明白，这一恐怖现象与几乎同时在地球另一端的新西兰北岛（North Island）发生的一起事件有关。异常猛烈的陶波火山喷发（Taupo Eruption），彻底改变了这里的地域特征，扩大了陶波湖的面积。几千年前，更为猛烈的奥努伊火山喷发（Oruanui Eruption）形成了陶波湖，之后在火山口形成了一个巨大的湖泊。因此，最近的一次喷发使陶波湖几乎成为一片内陆海，也成为了一处美丽的自然天堂。其湖底依旧炽热，仅仅50年前，一次尤为强烈的地热活动在陶波湖北岸的地壳薄层上制造出了多处释放出硫酸蒸气的裂痕，以及喷涌着沸腾泥浆的火山口。当然，陶波湖成为温暖的度假胜地还有许多其他原因。这里是毛利人（Maori）的圣地。在矿山湾（Mine Bay）的南岸，有一尊巨大人面石像浮雕，描绘的是传奇的毛利航海家纳咖托若莱吉（Ngatoroirangi），他曾在美人鱼和南风之神的帮助下，带领人民来到岛屿的中心。陶波湖是绝佳的运动和娱乐场所，情侣们可以进行各种浪漫探险。例如，你可以乘坐独木舟或帆船、步行或骑车欣赏美丽的风景——雪山和原始森林；或者尝试其他令人肾上腺素飙升的活动，比如跳伞（必须和伴侣一起）；或是在新西兰最长的河流怀卡托河（Waikato）中漂流。

在即将汇入陶波湖的位置，怀卡托河上还形成了气势磅礴的胡卡瀑布（Huka Falls），这里是拍照的绝佳地点，也是北岛上最具标志性的奢华度假酒店的名称由来。胡卡酒店（Huka Lodge）将是浪漫假期的完美栖居地。

P32—33 在新西兰北岛最奢华的胡卡酒店码头上，浪漫的情侣晚餐已经准备就绪。怀卡托河在脚下缓缓流过，两旁绿荫繁茂。但是在上游，河水即将流至达胡卡瀑布时，则是另一派势不可挡的湍急景象。

P34 雄伟的鲁阿佩胡火山（Mt. Ruapehu）高耸在汤加里罗国家公园（Tongariro National Park）中，这片巨大的野生自然保护区中保留着许多毛利人的圣地。

P35（上） 拐子角（Cape Kidnappers）壮美陡峭的悬崖矗立在海边，澳大拉西亚塘鹅（Australasian gannets）正在进行求偶仪式。

P35（下） 来一次惊心动魄的直升机之旅，俯瞰海拔高度为2797米的鲁阿佩胡火山口。

此外，和1924年首次开放时一样，这里也是飞钓爱好者的天堂。事实上，来到此地的众多游客中，包括传奇飞行员查尔斯·林德伯格（Charles Lindbergh）和美国作家詹姆斯·米契纳（James Michener）。米契纳于1950年在此地创作了小说《重返天堂》（*Return to Paradise*）中的部分内容。即使你不喜欢钓鱼，也可以陶醉于这里的静谧流水，享受迷人的花园与精美的食物（酒窖中装满了新西兰最好的美酒），度过难忘的日日夜夜。在胡卡酒店，工作人员还可以为你安排惊险刺激的情侣私密探险，比如乘坐直升飞机飞越汤加里罗国家公园中的火山，甚至是飞到拐子角欣赏绝美海景，那里也是保护动物澳大拉西亚塘鹅的栖息地。

皇后镇 / *Queenstown*

新西兰

享誉世界的霍比特人三部曲的第一部《霍比特人：意外之旅》（*The Hobbit: An Unexpected Journey*）中，极富魔幻色彩的取景地之一就是厄恩斯洛本山谷（Earnslaw Burn Glacier）。这里的冰川化成一道道飞瀑，奔腾着、咆哮着，从巨大的岩面上飞流而下。皇后镇被新西兰人誉为“世界冒险之都”，距此不远就是《指环王》（*Lord of the Rings*）和《霍比特人》（*Hobbit*）系列共六部荧幕巨制的众多取景地之所在。一本标有所有取景地精确坐标的指南已经出版。而最受游客们欢迎的活动就是寻宝之旅，可以在乡间觅得梦幻般的体验。

彼得·杰克逊（Peter Jackson）是上述几部电影的导演，来自新西兰。他曾说过，他从青少年时期就开始阅读托尔金（J. R. R. Tolkien）的鸿篇巨著。他一直以奇幻故事的视角看待自己的祖国，尤其是南岛（South Island）的自然荒野。对他来说，新西兰就是神秘的中土世界（Middle Earth）。我们必须承认这一点。以皇后镇为例，在距离城市不到两小时的车程范围内，可以欣赏到清澈碧蓝的瓦纳卡湖（Lake Wanaka）和白雪皓皓的南阿尔卑斯山（Southern Alps）。阿尔卑斯山是新西兰爵士埃德蒙·希拉里（Sir Edmund Hillary）的“训练场”，他也是首位征服珠峰的登山家，在峡湾国家公园（Fiordland National Park），有着更为不可思议的自然景致。占地面积将近12,140平方千米的峡湾国家公园，有着高达约2700米的山峰、14处深不可测的峡湾、成百上千处冰川湖与溪流，以及地上蕨类植物丛生的奇幻森林。新西兰土著毛利人称此地为“阿塔环努瓦（Ata Whenua）”，或“阴影之地（Shadowland）”，因为在这里，鲜少有阳光穿透峡谷上方的厚重云层照射下来。这里还有世界上最重的昆虫巨沙螽（weta，可重达约71克），以及楔齿蜥（tuatara），这是生活在很多年前的喙头目（Sphenodontia）动物中唯一现存的爬虫类物种。此外还有唯一生长在高山地区的啄羊鹦鹉（kea）。还有羊群——漫山遍野的羊群也是一道独特的风景线。在新西兰，羊的数量是人类的十几倍，人口仅有400多万，对于国土面积略大于意大利的国家来说，可谓人口非常稀少。

P36 坐落在瓦卡蒂普湖（Lake Wakatipu）边上的皇后镇，沐浴在绝美夕阳余晖下。新西兰人称之为“世界冒险之都”。

P37 从马塔卡瑞酒店（Matakauri Lodge）向窗外望去，便可一览瓦卡蒂普湖的碧蓝湖水和南阿尔卑斯山的皑皑雪峰。在皇后镇尽情探险后，可以回到这处优雅奢华的世外桃源放松身心，在按摩浴缸中将自然美景尽收眼底。

P38 峡湾国家公园中，瀑布飞流直下冲入米尔福德峡湾（Milford Sound），水雾弥漫中形成一道美丽的彩虹。

P38—39 因某种不知名的水藻而呈现出紫色的深峡湾，以及巍巍群山、茂密森林，其共同组成了峡湾国家公园的梦幻风景。这里也是影片《指环王》和《霍比特人》系列的取景地之一。

壮阔的自然风光，如此浓烈的绿色，仿佛经过了摄影技术的润色。不论开车或是步行都几乎不会遇到人，带来与世隔绝的美妙感觉。所有这些都使南岛仿若精灵和其他奇幻生物的栖居地，为这片土地以及你的假期赋予了些许梦幻的意味。为了获得极致的享受，最好在马塔卡瑞酒店预订一间具有当代时尚别致风格的浪漫套房，然后沉浸于“世界尽头”的静谧之中。不过，如果你想念城市生活了，这里距皇后镇仅有7分钟车程，虽然那仅仅是个小城镇。

巴厘岛 / *Bali*

印度尼西亚

让特（Rangda）是巴厘岛传说中的恶神，有着凶恶的长舌头和杂乱的金色头发。巴龙（Barong）则是善的化身，为了与让特对抗而化为龙。在巴厘人的史诗中，二者分别代表恶与善，他们的斗争每晚都会被搬上舞台，在乌布镇（Ubud）众多雕梁画栋的庙宇中上演。

这出戏剧冗长而晦涩难懂，但是试图来此领会巴厘岛精神的热情游客总能让演出的“剧院”座无虚席。事实上，在目前共由17,508座岛屿组成的庞大的印度尼西亚群岛中，巴厘岛是最受欢迎的一座，而其享誉世界的根源就是文化。一些艺术家和人类学家，如沃尔特·史毕斯（Walter Spies）和玛格丽特·米德（Margaret Mead）等，于20世纪30年代向世人揭示了这一点。德国艺术家沃尔特在画布上描绘了梦境般的优雅舞者和静谧风景，美国人类学家玛格丽特的著作《巴厘岛的性格》（*Balinese Character*），为“神奇巴厘”传说的创造做出了贡献。位于在岛中央的“艺术家村”乌布，已经在某种意义上成为热带的“巴黎蒙马特尔区”（Montmartre），远比这里的海滩更早为人知。如今就是在这里，人类学家的研究对象，开始从土著习俗转向来此度假且随后定居于此的西方人，从而开拓出了一个新的研究领域——旅游人类学。

巴厘岛的特别之处也立刻变得清晰起来：阿贡火山（Gunung Alung）雄踞着北方地区，岛上还有美丽的丘陵景观、稻田和成排的椰树，以及零星的原始森林。印度尼西亚是世界上穆斯林人口最多的国家，而巴厘岛的居民信奉印度教的一个分支，并融合了佛教的特征。因此，这里必然建有很多庄严宏伟的庙宇。仅从建筑和环境来看，这些庙宇和度假酒店几乎没有什么区别，都有温泉水疗和巨大的泳池，池边有兰花、鸡蛋花和姜花盛开的芳香花园。不过，这里与众不同的一点在于，在

P40 落日映照下的巴厘岛（建议从海上观赏），是异域风情与魔幻魅力的宝库。

P41 海神庙（Temple of Tanah Lot）是巴厘岛的主要圣殿，用来供奉海神。神庙建成于16世纪，坐落在一座因潮汐而造就的小岛上，紧靠巴厘岛西海岸。在当地传说中，海神庙由一条巨大的海蛇守护，以免受邪恶的侵扰。

当地古老传统与当代奢华的相互交融中，蕴含着被全世界酒店效仿的巴厘岛风格的缩影。巴厘岛的特殊之处还在于，这里的传统婚礼不需要其他度假胜地所必备的白色沙滩和清澈海水。这里的海滩布满了黑色的火山沙，海面上时常激流涌动，骇浪涛天，是疯狂的冲浪者们理想的选择，却令普通游客们心力交瘁。不过，我们仍然有好的去处，欣喜地赞叹巴厘岛的海——在情人崖（Ulu Watu）上远眺，或是漫步在库塔海滩（Kuta）、水明漾海滩（Seminyak）和努沙杜瓦半岛（Nusa Dua）。但是在潜水前，最好三思而后行，在为梦幻假期选择度假酒店时更要考虑周全。这与酒店的星级无关，因为所有酒店都是巴厘岛风格。重要的是位置。向往精神享受的情侣可以去乌布（有可能完全看不到海），而如果渴望沙滩生活，则要去热门的水明漾。对于注重私密空间的情侣，最佳选择是阿丽拉苏里度假酒店（Alila Villas Soori），这里每栋别墅都配有私人泳池，将浪漫与休闲的概念提升至康德（Kant）的境界。

P42 环绕着荷花池的乌布水宫神庙（Temple of Pura Taman Saraswati），是位于岛屿中心的乌布镇的瑰宝。

P43（上） 从空中俯瞰巴厘岛最南部的布科半岛（Bukit）堡礁的壮丽风光。布科半岛仍然尚未开发（不过这种状态将不会持续太久，一些豪华度假酒店马上就要在此建起），在年轻人中却很受欢迎，他们会到那里进行冲浪的较量。

P43（下） 阿丽拉苏里度假酒店的每栋别墅都配备有私人泳池，并且可以欣赏到美轮美奂的风景。

京都 / *Kyoto*

日本

P44（上） 金阁寺（Kinkaku-ji）在阳光的照耀下熠熠生辉。四周花团锦簇，寺庙仿佛漂浮在湖面上。这是京都的著名的景点之一。

P44（下） 京都柊家旅馆（Hiiragiya ryokan）与日本最独具特色的艺伎区祇园（Gion）相距不远。

P45 通往伏见稻荷大社（Fushimi Inari）主殿的通道上密集排列着千本鸟居（torii）。鸟居是日本传统神社的大门。

“光透过白色的纸墙，无力地试图刺穿凹室内的无尽黑暗……创造出无法区分光明与黑暗的世界，赋予人们鲜少在别处寻得的宁静感”。写下这段话的是谷崎润一郎（Junichiro Tanizaki），他的作品被誉为20世纪日本文学的经典。他时常前往京都柊家旅馆，上述这段创作也是在那里完成的。作为“日出之国”著名的传统旅馆之一，京都柊家旅馆建成于1818年，隐藏在京都御所（Kyoto Imperial）附近一条僻静的街道中。在品味皇家怀石料理后，回到旅店，找间屋子在榻榻米上睡一晚，是一次珍贵的审美与文化体验。重要的是，不要被那些严谨的仪式吓到，也不要固执地去试图理解周围发生的一切。因为京都，这座从794年至1868年作为日本首都的城市，比日本其他任何地方都更象征着这一国家的神秘。在这里，过去与现在（已经逼近未来的）正以一种似乎绝无可能的方式和谐共存。

你可以乘坐新干线（Shikansen）高速列车前往京都，它的速度之快会让你产生“瞬间移动”之感。到达京都之后，你可以尝试冥想的哲学实践，沉醉于城市庙宇的庄严和诗意，尤其是仿佛漂浮在湖面上的金阁寺，和拥有日本最著名禅宗庭园的龙安寺（Ryoan-ji）。而与此同时，京都市中心回响着任天堂（Nintendo）电玩游戏所产生的嘈杂与喧嚣，这里也是高科技巨头任天堂总部的所在地。只需走过一座桥，便进入了迷人的祇园艺伎区。你会看到精致美丽的可爱女人身着和服，走在鹅卵石小巷中。尽管京都有着150万忙碌的居民（众所周知，日本是“工作狂”的国家），你只需出城走上几千米，就能感受到乡村世界的宁静，比如穿过立满暗红色千本鸟居的通道就可以到达伏见稻荷大社。鸟居是日本传统神社的大门。或者，你还可以探访美丽的大原（Ohara），那里有数不清的庙宇掩映在枫树间。到了秋天，枫叶会变幻出惊艳的色彩。还有樱树，春天时风吹花落，可以在地上铺就一层花毯。在日本文化中，这些季节性景观是这个世界上生命转瞬即逝的至高象征。也正因如此，在这些神奇而独特的景观以及爱情的昙花一现间，我们应抓紧时间尽情享受。

杭州 / *Hangzhou*

中国

“宝石流霞”“吴山天风”“虎跑梦泉”，这些取自宋、明、清诗词的名字，只描绘出杭州西湖周边如画景致的冰山一角。传说中，这片周长约15千米的湖水，是天上掉落的明珠所化。西湖的浪漫美景如此动人，能够唤起人们的情感共鸣。尽管需要东方思维才能理解儒家、佛教、道教的哲学美学，但是首位游至此地的西方人马可·波罗（Marco Polo）也为这里的所见、所感心醉神迷。在他的《马可·波罗游记》（*Travels*）中，他将杭州描述为世界上最精致的城市，并称这里因生产丝绸和中国绿茶中最珍贵的龙井而闻名。

当然，如今作为有着近千万居民、众多制造业和高新技术产业兴盛的中国浙江省省会，虽然是中国七大古都之一，杭州已经发生了翻天覆地的变化。那高楼林立的城市的天际线提醒着成群的游客（大多是来此度蜜月的情侣），西湖已并不仅仅是“造梦之地”。在这里，人们很容易失去时间感，不论是在西湖边悠闲度日，在竹林中骑车穿行，乘一叶扁舟欣赏落日余晖，还是探访皇亲国戚专为欣赏美景修建的庙宇、岩洞和亭台。值得一提的还有六和塔（Six Harmonies Pagoda），这座13层高呈八角型的古塔，塔檐翘角共悬挂着104只铃铛，在风中清越悠扬的铃声，令巨塔更具有一种动人心弦的美感。

P46　富春山居度假酒店（Fuchun Resort）提供的豪华泳池，透过玻璃落地窗可以俯瞰梦幻般的乡村风光。

P47　西湖被誉为中国最浪漫和最能引发情感共鸣的度假胜地，水中星罗棋布的亭台楼阁令人沉醉于落日晚霞的美景之中流连忘返。

西湖一面紧邻富春山。中国备受尊敬的画家黄公望（1269—1354年）绘有《富春山居图》。这件长约9米的画卷在17世纪遭火焚而一分为二，前半卷现藏于浙江省博物馆，后半卷藏于台北“故宫博物院”。

为纪念这一名作，富春山居度假酒店建于梦幻的乡野风光中。酒店设计为成排的别墅，屋顶仿古建风格，以茶艺和御膳珍馐款待来此度假的甜蜜情侣。此外，就像《富春山居图》中所表现得一样，这里崇尚人与自然的和谐共处。

云南 / *Yunnan*

中国

云南地处中国西南边陲，人口5000以上的少数民族有25个，是中国最具文化多样性的省份。云南，彩云之南，亦有说是“云岭之南”，素以其美丽、丰饶、神奇而著称于世，一向被外界称之为“秘境”，吸引着世界各地的游客。

如今，云南每年可吸引数千万名中外游客，成为中国颇受欢迎的蜜月度假胜地。换言之，中国的云南就相当于法国的普罗旺斯（Provence）或意大利的托斯卡纳（Tuscany），而更加独特的是云南省的面积基本与德国相同，且地貌形态多样，从喜马拉雅山脉到热带雨林不一而足。如果说“春城”昆明是云南省的门户，那么丽江就是它的心脏。这座海拔2400米的古城中有着迷人的宝塔、庙宇、运河和365座桥。

丽江古城建于800多年前，是联结西双版纳到西藏，远至印度、尼泊尔的“茶马古道”沿线上的商业重镇。尽管1996年遭到一场地震的重创，但丽江古城在极短的时间内便得以重建，并且被列入联合国教科文组织《世界遗产名录》。为了纪念历史，丽江在夜晚会点亮浪漫的红灯笼。这里有引人入胜的茶社，提供保存35年的上好铁饼普洱茶。在丽江，一定要去观音箐和黑龙潭，欣赏建筑与风景的完美结合，这是中式审美的巨大成就。

还有一件必须完成的事，那就是入住极为浪漫的丽江悦榕庄度假酒店（Banyan Tree Lijiang）。酒店距离城镇不远，建筑融入了极富想象力的纳西族风格。石质和柚木的塔式构造内建有精美的客房，全部配备有室外泳池，还可作为按摩浴缸使用。在院内花园中可以欣赏到高达5600米的玉龙雪山全貌。

P48　黑龙潭中倒映着亭台楼阁和浪漫的大理石桥，构成了丽江一道美丽的风景。天气晴好时，还可以看到玉龙雪山奇迹般地出现在象山的背后。

P49　这里独特的水稻梯田也是一种特别的景观。

P50 美丽的丽江古城曾是茶马古道上的重镇，现在成为一个多民族聚居的地方。其中的纳西文化从人类学的角度来说非常有趣。

P51（上） 纳西风格的丽江悦榕庄度假酒店坐落在海拔2000米以上的高地上，掩映在绝美的自然风光中。

P51（下） 丽江悦榕庄度假酒店中的白云餐厅是一栋坐落在锦鲤池边的精致水榭，为客人提供精美的粤菜和云南菜。在中国传统文化中，锦鲤是好运和财富的象征。

玉龙雪山是那些探访纳西村庄的徒步旅行者的最爱。从人类学的角度来说，纳西族是个神奇的少数民族，因其传统服饰和东巴文字而著名，东巴文字是目前世界上唯一仍在使用的象形文字。过了丽江，便可来到另一个不容错过的浪漫胜地——大理。这里有著名的大理崇圣寺三塔，始建于南诏时期，是中国亘要的佛塔建筑古迹。在云南不胜枚举的自然景点中，最不同寻常的要数虎跳峡，这是世界上著名的大峡谷之一。还有与丽江古城同样被列入联合国教科文组织《世界遗产名录》的石林，是经过多年侵蚀而成的喀斯特景观。形态各异的山峰从植被中拔地而起，大自然造就了这座神奇的超现实园林。

不丹山谷 / *Valleys of Bhutan*

不丹

虎穴寺（Taktshang Goempa）是一座神圣的不丹佛教寺院，坐落在帕罗峡谷（Paro Valley）中海拔高达3120米的悬崖峭壁上。在那里，你一定会遇到一位僧人，告诉你虎穴寺是由莲花生大士（Guru Rimpoche）骑虎从西藏飞至此地后建立的，仿佛这是不争的事实。不过令人惊奇的是，你会发现这个故事确实很有说服力。

毕竟，即使是从德里（Delhi）或加德满都（Kathmandu）飞往这片遥远的喜马拉雅国度，俯瞰世界最高的14座山峰中的9座，都是一次奇幻的经历。当你到达帕罗峡谷，你将会发现自己似乎身处另一个世界，动摇着你已经习惯的所有规则。也许听起来不可思议，但已经得到证实的是，在如今经济全球化的时代中，不丹却在与世隔绝中独自繁荣。根据不丹旺楚克王朝时期第三任国王吉格梅·多尔吉·旺楚克（Jigme Dorji Wangchuk）颁布的一项法令，该国国家财富的标准衡量并非国民生产总值（GDP），而是国民幸福指数（GDH）。这一指数基于以下4个基本标准：国王6000项议题的良好发展（可持续发展）、尊重环境、保护国家精神和文化遗产、政府的有效管理。简言之，这个国家可谓传说中的“香格里拉”在现实世界的展现。在这里，人们可以从朝圣中感受到肉体和精神上的至福。

毋庸置疑，不论是前往迷人的峡谷、杜鹃林还是百年寺院，帕罗峡谷都将是一切行程的起点。你可以入住浪漫的CMOM乌玛科莫度假酒店（Uma by Como resort），沉浸于优美的风景，并在经历过一场亚洲式的心灵之旅后，在豪华套房和水疗中心里甩掉一身的疲惫。对于共度蜜月的情侣，酒店还会安排佛教祈福仪式，祈愿婚姻幸福美满。在牦牛酥油灯朦胧梦幻的灯光中，虎穴寺的喇嘛将主持这一神圣的仪式。

P52 乌玛科莫度假酒店中石质和木质的别墅，房顶由手工制作的陶瓦铺就，极具佛教及当地传统文化风格。酒店掩映在帕罗山谷长满杜鹃和绣球花的神秘森林中。

P53 前来探访喜马拉雅国度不丹的虎穴寺，就一定要沿着崎岖的石阶攀登到顶，这条路的体验不应该被错过。

P56（上） 会安与岘港（Da Nang）之间的海岸线上有一片面朝南海的美丽沙滩。

P56（下） 距会安大约10千米的地方，在哈麦海滩（Ha My Beach）上的棕榈林中坐落着南海度假酒店。

P57 南海度假酒店中位于海滩的优雅休闲区提供浪漫的开胃酒。作为越南最奢华的度假酒店，它以顺化皇城为设计灵感，并呈现出别致的当代建筑风格。

琅勃拉邦 / *Luang Prabang*

老挝

每天清晨6点整，僧侣们就会端着金属钵，鱼贯走出寺庙，在琅勃拉邦的街道上缓缓而行。所有居民都会在家门口等候，向他们施舍糯米和蔬菜，从而完成“塔巴”（Tak Bat）布施仪式，这一传统可以追溯到最古老的佛教寺院时期。对于虔诚的布施者来说，僧侣接受其布施就是其赐福，可为日后的轮回积攒功德。另一方面，对于游客来说，观看这种仪式则是一次独特的机遇，能够更好地理解这座曾是老挝古都的城市文化。老挝不仅是东南亚最质朴和原生态的国家，更是至今仍深深植根于佛法修行的国度。

在黎明稀薄的空气中，湄公河（Mekong River）上升起的晨雾仿佛新娘的面纱，轻笼着琅勃拉邦的大街小巷，身着藏红色僧袍的僧侣排着蜿蜒的长队，此情此景令人不禁想用相机记录下来。但是你要注意，这是一场宗教仪式，而不是表演。事实上，佛教组织和地方政府已经印制了宣传册，为游客列出了一系列规章制度：必须保持安静，穿戴整齐（不能裸露躯干、肩和腿），在队伍经过时如果坐着，不得露出鞋底。

这是事关尊重的问题。正如我们必须尊重这座城市的每一寸土地，还有那35座宁静祥和、香烟缭绕又富有热带风情的宏伟寺庙。这些庙宇大多以柚木建成，装饰有精美繁复的浅浮雕、金箔和镜子，并供奉着成百上千尊大小不一的佛像。

琅勃拉邦的酒店众多而各具情调，但它们共同的特点是尊重当地文化。其中许多酒店为与古皇室有关的家族所有，或是由贵族宅邸和庄园改造成的奢华住所。其中，最浪漫的当属普瓦琅勃拉邦贝尔蒙德酒店（Belmond La Résidence Phou Vao），这里提供优质的服务和多种活动，情侣们可以选择参观临近的村庄，乘坐传统的小船

P58　在老挝南部的巴色（Pakse），一尊10米高的镀金大佛矗立在山上，俯瞰着湄公河。

P59　一个小沙弥站在玛诺隆寺（Wat Manolom）的门口。尽管玛诺隆寺既不是最古老的寺院，也没有最精美的装饰，却是不容错过的一站，因为这里有琅勃拉邦最大的佛教僧团和最重要的沙弥学校。

P60 关西瀑布（Kuang Si Falls）位于在距琅勃拉邦29千米的静谧森林中。瀑布之下，水流形成无数天然池塘。炎热的季节里，一定要来这里游泳。

P61（上） 普瓦琅勃拉邦贝尔蒙德酒店的私密套房可以观赏池中的荷花与白色睡莲。

P61（下） 普瓦琅勃拉邦贝尔蒙德酒店坐落在距离琅勃拉邦不远的一处小山丘上，四周环绕着繁茂的热带花园，独特的建筑营造出法国殖民时期的梦幻风格。

在湄公河上航行，去参观著名的圣地巴乌石窟（Pak Ou，又译“千佛洞”），还可以参加当地美食的烹饪课程，包括制作老挝的重要主食糯米饭。情侣们还可以举行“拴线仪式”（Baci），这里一种由德高望重的老者或僧人主持的吉祥仪式，据说有助于关系的和谐稳固。

在琅勃拉邦总会让人保持和谐的心境。这里有着古老的历史，无比安详的风景，以及温柔好客的居民。在这里，爱人们可以相互交换在琳琅满目的市场上买到的爱的礼物，或是在附近的关西瀑布旁享受纯粹的美好时光。这些瀑布隐藏在森林里，形成了许多清澈如玉的天然池塘。在其中游泳可谓一种神圣的仪式。

吴哥 / *Angkor*

柬埔寨

P62（上） 巴戎寺（Temple of Bayon）雕刻着巨大而神秘面孔的四面佛，被誉为“东南亚的蒙娜丽莎”，是古代高棉（Khmer）首都特别引人入胜的奇观之一。

P62（下） 吴哥莱佛士酒店（Raffles Grand Hotel d' Angkor）于1932年开业。其别墅以这座城市的建筑为原型围绕泳池而建，保留了殖民时期的风格。

P63 从空中俯瞰宏伟壮丽的吴哥窟（Angkor Wat），外围边长为4千米，是世界上最大的宗教遗迹。

要想在大批游客扰乱森林的宁静之前抵达吴哥，你一定要早早起床。首先，要去塔布隆寺（Ta Phrom temple），在院中的石头上小坐片刻，凝视这片数百年来被植物入侵吞噬的废墟。树根在石块间摸索着出路，直到伸展出来，缠抱着石柱，攀附在窗棂的装饰上。在枝叶摇曳投射下的明暗交错中，自然与人类建筑合二为一，成为共生的存在。塔布隆寺绝不是高棉帝国创造出的最雄伟壮观、精美绝伦的作品，但其所蕴含的积淀，一定在法国生物学家亨利·穆奥（Henri Mouhot）于1858年旅行至此时呈现在了他的眼前。而那一天，也就是欧洲人发现吴哥窟的日子。此后，人类学家前往法国殖民地印度支那（Indochina），将这座无与伦比的城市从森林中发掘出来，并向全世界展示东南亚这无与伦比的文明遗址。在吴哥，至少需要用3天去感受它的神奇，观赏那些装饰在吴哥窟外围和廊道上绵延数千米的浅浮雕，走进它们所描绘的故事。吴哥窟如山峦般宏伟的庙宇，是高棉文明最伟大的成就。每天日落时分，你会看到优雅的柬埔寨青年女性，在阿普沙拉（Apsara）雕像前跳着佛教传统的“仙女舞蹈”。随后，你应当前往高棉政权最后的首都与要塞吴哥城（Angkor Thom）中心的巴戎寺，观看那神秘的巨形四面佛浮雕。或者，也可以去参观女王宫（Banteay Srei）。法国作家安德烈·马尔罗（André Malraux）在自传体小说《王家大道》（*The Royal Way*）中有着精妙的叙述，这本小说至今仍是探访柬埔寨精髓所在的经典指南。在吴哥，你会真切地体会到失去了对时间的感知，甚至，当你走过考古遗址漫步在洞里萨湖（Tonle Sap）［又称“大湖”（Great Lake）］上漂荡的浮村时，这种感觉依然经久不散。这些浮村作为水上通路，联络这里与柬埔寨神秘而混乱的首都金边（Phnom Penh）。即使是从吴哥城外的小村庄飞速发展为充满活力的现代旅游城市的暹粒（Siem Reap），也仍保留着吴哥遗迹被重新发现之初的景象。

这里必须要提到于1932年开业的吴哥莱佛士酒店。这家酒店仍然保留着精致的殖民时期风格，陈设豪华，细节令人惊叹。值得一提的还有门童的裤子，他们制服的设计灵感来源于皇室宝库中的服饰。一周7天，他们都会穿不同颜色的裤子，并相信这样会带来好运。国王看到他们的裤子，就会知道今天是星期几。这些颜色分别是：星期一——橙色；星期二——深紫色；星期三——淡绿色；星期四——绿色；星期五——宝蓝色；星期六——紫红色；星期日——红色。另外，吴哥莱佛士酒店仍然延续着一个传统，对客人们来说也是最重要的，便是要在面朝吴哥窟的水边，享受一顿极致浪漫的烛光晚餐。

甲米 / *Krabi*

泰国

P64 在甲米的瑞亚维德酒店（Rayavadee），客人可以选择住在豪华套房（当地人称其为“楼阁”）中，四周环绕着葱郁的热带植物和私人泳池。

P65 垂直竖立的花岗岩悬崖从海滩上拔地而起，成为攀岩的理想地点。森林、椰子园和安达曼海（Andaman Sea）［又译“缅甸海”（Burma Sea）］沿岸绵延的白色沙滩，组成了泰国南部最受欢迎的帕南半岛（Phranang Peninsula）的魅力风光，这片区域大都处于国家公园的保护之中。

“同中有异”，这是泰国人在所有对话中像咒语般不断重复的一句话，不论是在评论沙滩的美景，还是讨论纪念品的质量时。尽管就实际特征而言，安达曼海沿岸和岛屿周围的清澈海水、白沙滩以及微风拂动下的棕榈树与其他海岛其实都大同小异，但是到了泰国，这一切就变得不同了，因为它们属于泰国人，而泰国人将殷勤好客的艺术提升到了崇高的境界。谦恭有礼是他们性格与基因中不可或缺的一部分，这一点从他们细微的面部特征中便可见一斑。他们总是满面春风，笑得亲切灿烂，以至于外国人（在当地称为“farang”）在这里会感受到前所未有的宠爱。当你到达酒店并收到见面礼时，便更会意识到这一点。一顶兰花和茉莉的花环，散发着醉人的芬芳，预示着无与伦比的快乐假期即将开启。

不过，我们必须承认，在这里选择最适合情侣度假的酒店，比其他任何地方都更有难度。从著名的普吉岛（Phuket），到同样享有盛誉的皮皮岛（Ko Phi Phi），或者，如果我们再算上一些更偏远的岛屿，比如兰塔岛（Ko Lanta），那里有建在木桩上的别致村庄，和被称为“海上吉普赛人”的莫肯人（Moken），以及不胜枚举的梦幻胜地，范围就更大了。然而，经过一番深思熟虑，我们决定推荐瑞亚维德酒店，因为在对主要的旅游期刊发起的一项调查中，它被评为世界极佳酒店之一。究其原因，其一，它坐落于帕南半岛的顶端，地处甲米省广阔的海洋和陆地保护区网络的中心。其二，在通往“花环仪式”的路上，会经过雄伟的石林和椰子园营造出的神秘迷人的景观，这与小说（及同名电影）《海滩》（*The Beach*）中的情节颇为相似。

毋庸赘言，瑞亚维德酒店的建筑风格极尽奢华，各式餐饮带来丰富的感官享受，而在这个以SPA著称的国家中，这里的水疗更是数一数二。然而最重要的是，住在这里，泰国南部最无与伦比的美景都近在咫尺。从皮皮岛到攀牙湾国家公园（Ao Phang-Nga National Park），有矗立在海中的岩石“丛林”和高耸在莱利湾（Railay Bay）的峭壁悬崖，供人们探险攀岩。从瑞亚维德酒店再往南，是兰塔群岛中的克雷登岛（Ko Kradan），这里仍保持着在情人节举办“世界上规模最大的集体水下婚礼”的吉尼斯世界纪录。婚礼遵守佛教仪式进行，并在海滩上提供泰式宴会。仪式并不具有法律约束力，但却会成为情侣们心中永生难忘的回忆。

清迈 / *Chiang Mai*

泰国

P66（上） 距离清莱（Chiang Rai）不远，在金三角（Golden Triangle）的中心，坐落着如梦似幻的白色佛寺灵光寺（Wat Rong Khun，又称白龙寺、白寺）。这座由艺术家许龙才（Chalermchai Kositpipat）设计的别出心裁的庙宇，将佛教传承与新世纪建筑风格相结合。

P66（下） 黛兰塔维度假酒店（Dhara Dhevi）金碧辉煌的大堂，仿照古老的兰纳王朝（Lanna Empier）皇宫制式建造。

P67 茵他侬国家公园（Doi Inthanon National Park）雄伟的皇家宝塔。

几个世纪以来，清迈一直是兰纳王国的首都，兰纳王国在其鼎盛时期统治着泰北地区。然而如今，这座城市处于金三角核心地带的地位，它作为泰国主要的旅游胜地，也是亚洲知名的通过舒适豪华的异国冒险吸引游客的梦工厂。在这里，一切皆有可能，你可以去参观庙宇，感受心灵的愉悦；或是参加泰式辛辣料理的烹饪课程；还可以到植物园去，那里有慵懒的兰花散发出巧克力般的香甜气息；又或者前往大象的庇护所，看他们在河中洗澡。你可以从清迈出发，深入密林丛生的山中徒步，或是尝试在竹筏上漂流。到了晚上，走进金三角的少数民族村庄，夜宿建在木桩上的出租屋里。在清迈，你可以疯狂购物直至夜幕降临，在奇妙的夜市中逛遍琳琅满目的工艺品店。到了当地农历的第十二次满月，约是10月底或11月时，你一定要来到这里，参与到神奇的水灯节（Loi Khrathong Light Festival）中。届时，成千上万的人会聚集在平河（Ping River）岸边，像古兰纳王朝时期那样纪念佛祖，将香蕉叶和花制成的供奉物放到水中，又将无数孔明灯点燃放飞到空中，这一奇景将令摄影爱好者欣喜若狂。总之，为了充分享受清迈的奇妙，就要在仿照兰纳王朝皇宫建造的黛兰塔维度假酒店预订一间殖民时期风格的套房。占地0.3平方千米的黛兰塔维度假酒店是一处真正的梦幻仙境，这里有柚木建筑、宏伟的镀金寺庙与五彩缤纷的镜子，以及坚固的城堡、热带花园、草坪、溪流、巨大的游泳池，甚至还有市场和老农们用水牛拉木犁种植的水稻田。酒店中最重要的建筑是祷告室，完美复制了距离清迈80千米的兰纳政权的象征——南邦銮寺（Wat Prathat Lampang Luang），黛瓦水疗馆（Dheva Spa）像一座代表幸福和东方哲学的宫殿，其上的佛塔象征着通往涅槃的清净之道。这种境界，可以通过纯粹世俗的方式获得。以罗望子木制成的小木锤敲打身体的托克森按摩（tok sen）可以令人神清气爽，这些都遵循15世纪的兰纳宫廷仪式而来。

P68 黛兰塔维度假酒店殖民地套房区拥有豪华泳池。黛瓦水疗馆和健身中心，是这座泰北地区首府城市挑选了150名工匠、花费3年多的时间修建而成。

P69（上） 顶层套房装饰有华贵典雅的殖民时期家具和波斯地毯，甚至还有一架大钢琴。

P69（下） 黛兰塔维度假酒店的皇家套房让人不禁追忆起富丽堂皇的古代皇宫。亭台楼阁围绕着芳香醉人的花园而建，带来奢华与私密的终极享受。

伊洛瓦底江 / *Irrawaddy*

缅甸

缅甸女人保持美丽的秘诀是塔纳卡（Thanakha）。这种从香楝树或木苹果树皮中提取的浅黄色粉浆，散发出淡淡的檀香香气。2000多年来，这里的人们一直使用塔纳卡防晒和护肤，也用作腮红涂在面颊上。事实上，在缅甸，现代化妆品至今仍然没有市场。不论男女，鲜少有人穿着西方的服饰，而符合地方习俗的服饰称为“笼基”（longyi），这是一种富有当地特色的裙装。另外，整个国家都找不到一台自动柜员机。而要找到还算能用的网络信号也很难，简直能让人抓狂。

一个多世纪以前，熟知印度风土人情的小说家拉迪亚德·吉卜林（Rudyard Kipling）将缅甸描绘为世界上独一无二的存在。即使在其经过几十年残酷的军事独裁统治并终于与外界建立联系的今天，这一描述也依然适用。如今，缅甸呈现给游客的是英国殖民统治时期的浪漫回响。

如今，几乎所有亚洲大都市都以摩天大楼描绘城市的天际线。而在缅甸唯一的大城市仰光（Yangon），这里的天际线是拥有着2600年历史的仰光大金塔（Shwedagon Pagoda）。这座古老的佛塔，在城市的每一个角落都清晰可见。在这座神圣的殿堂，随处可见身着藏红色僧袍的僧侣和朝圣者。在深入琳琅满目的市场和新哥特式殖民建筑构成的奇特城市迷宫之前，仰光大金塔是一切行程的起点。在众多选择中，最惊险刺激的是去往山里探险，那里居住着有趣的少数民族，或是去往安达曼海沿岸和那些原生态岛屿。不过，其中最梦幻诱人的旅程是游览缅甸最长的河流伊洛瓦底江。这是贝尔蒙德公司（Belmond company）为精致优雅的旅游者们准备的保留项目。船只缓缓而行，以便乘客欣赏沿途世外桃源般的美景，感受田园生活的气息。一路航行至蒲甘（Bagan），

P70—71 沿伊洛瓦底江航行的豪华河轮是贝尔蒙德公司的“曼德勒之路”号（Road to Mandalay）。沿江坐落着缅甸美若珍宝般的城市，其中最珍贵的要数拥有万座佛寺的蒲甘。

这里有辉煌显赫的宗教和文化遗迹，在繁茂的棕榈树和神圣的榕树林中，保留着近万座佛寺和佛塔，且每一座都与众不同。我们应该用双脚丈量蒲甘的土地，或是乘坐马车，就像回到吉卜林的时代。到了日落时分，这里便会成为真正的梦幻之地。我们有充足的时间享受这片壮阔的奇景，陷入冥想，然后再次出发，去往缅甸王朝的古都曼德勒（Mandalay），它就像伊洛瓦底江上的宝石。在这里，等待你发掘的是王宫中的柚木宫殿建筑群，以及一系列宏伟的庙宇，每一座寺庙都有自己的僧侣和信女，他们脸颊上涂抹着塔纳卡粉浆，每日为佛祖编织花环。

阿格拉 / *Agra*

印度

根据莫卧儿（Moghul）王朝的宫廷习俗，每年中有一段时间，女性会代替商人在阿格拉市集中假装售卖丝绸和珠宝。1607年，就是在这个场合，有一对男女相遇了。他当时17岁，后来成为了“世界之王”沙·贾汗（Shah Jahan），在其统治下的莫卧儿王朝的国力达到了巅峰。她是年方16岁的阿姬曼·芭奴（Ariumand Bano Begum），家族有波斯血统，父亲是帝国权贵。他们在相遇后不久便喜结连理。二人相互扶持，沙·贾汗登基后为她赐封号“穆塔兹·马哈尔（Mumtaz Mahal）”，意为“宫廷之翘楚”。她在39岁时难产而死，生了14个儿女。国王决定为她修建一座举世无双的陵墓，以歌颂他们矢志不渝的爱情。

这就是泰姬陵（Taj Mahal）的故事，英国小说家拉迪亚德·吉卜林称其为“世间一切至纯之物的化身”。在印度，甚至整个世界，都再也没有如此浪漫的纪念建筑。2万名工匠和艺术家聚集在泰姬甘吉（Taj Ganj）地区，他们的居住地如今已成为阿格拉的中心。他们耗时20年，在亚穆纳河（Jamuna River）畔建成了如梦似幻的泰姬陵。这座白色大理石的珍宝，顶部建有75米高的大圆顶，四方耸立着四座尖塔。这首“石头铸就的诗歌”，装饰有无数石刻花朵，赋予这座宏伟建筑一种飘逸、优雅与轻盈之感。

为了完全领略它的迷人绮丽，你需要遵循以下每一个步骤。首先就是预订阿格拉的欧贝罗伊阿玛维拉斯酒店（Oberoi Amarvilas）。这是印度极豪华的酒店之一，其建筑、装饰和意境无不映射出莫卧儿王朝时期的辉煌。酒店距离泰姬陵仅有约600米，因而住在这儿能够充分领略泰姬陵的美景。清晨从窗外望去，第一缕阳光映照出玫瑰色，薄雾从亚穆纳河中升起，泰姬陵仿佛悬浮于茫茫虚无之中。如此梦幻的景致，也是你准备参观这件艺术瑰宝的最佳开始。如今，阿格拉的居民多是当年建造泰姬陵的艺术家和

P72—73 阿格拉红堡（Red Fort）的觐见宫（Diwan-i-Am）中气势恢宏的拱廊。觐见宫是莫卧儿王朝统治者接见公众的场所。作为帝国权力的中心，红堡距离阿格拉乃至印度最著名的历史建筑泰姬陵约1.6千米。拉迪亚德·吉卜林将这座见证永恒爱情的“纪念碑”诗意地描述为“世间一切至纯之物的化身”。

工匠们的后代，许多历史建筑也在这里得到了完好的保存。

阿拉格红堡，曾经的皇城，也是沙·贾汗与穆塔兹·马哈尔爱情故事的见证。

在探访莫卧儿王朝历史建筑的旅程中，一定不能错过距离阿格拉不远的法塔赫布尔·西格里古城（Fatehpur Sikri），即如今的“鬼城”。这是阿格拉成为莫卧儿王朝都城之前的旧都。这里有壮丽的清真寺，如今各种宗教信仰的女性，都会来此祈求生育。最后，可以探访距离阿格拉40千米远的马图拉（Mathura），那里因为是奎师那（Khrishna，又译“黑天”）的出生地而成为印度教的圣地。每年2月底至3月初，人们会汇聚于此庆祝色彩节（Holi），歌颂印度教的爱与欢乐之神。

P74　法塔赫布尔·西格里古城又称“胜利之城”（City of Victory），距离阿格拉35千米。莫卧儿王朝的皇帝阿克巴（Akbar）于1571年建都于此，却于15年后将其废弃。

P75（上） 阿格拉的欧贝罗伊阿玛维拉斯酒店是印度最著名的奢华酒店。游泳池四周环绕着典雅的莫卧儿式建筑，邀请人们在参观完泰姬陵后到此放松休息片刻。

P75（下） 欧贝罗伊阿玛维拉斯酒店中最浪漫的房间，可以远眺泰姬陵的圆顶和尖塔。

斋浦尔 / *Jaipur*

印度

美国女富豪芭芭拉·哈顿（Barbara Hutton）曾在一次印度之行中受到一位王公的邀请共进晚餐，于是她决定戴上黑珍珠项链炫耀一番。然而，在听到王公对她“小饰品”的赞美并看到他所展示的珠宝后，你可以想象哈顿有多么失望。她看到的是一整箱的黑珍珠，还有其他装满钻石、红宝石和祖母绿的宝箱。毕竟，对于印度王公来说，这些不过是日常用品。正如英国小说家拉迪亚德·吉卜林曾经写道的那样，上帝创造了印度王公，以便让世人欣赏他们惊人的宝藏。

据调查显示，印度约有500多个王室家族。当然，他们的头衔如今已经没有官方价值，更何况很多家族早已不复当年的盛景，他们不得不将豪华的宫殿向游客开放，以收取费用。其中便包括所谓的“王公之地”拉贾斯坦邦（Rajasthan）的首府斋浦尔曾经的统治者嘉亚特里·德维（Gayatri Devi），她一直居住在19世纪的兰巴皇宫（Rambagh Palace）“朴素”的房间中，并将其改造成为世界知名的浪漫奢华酒店之一。这位传奇的女性极具魅力与争议，更因“为爱情而结婚”震惊了整个国家。你可以在此住上几晚，在这里的厅堂和走廊中，感受她的故事与精神。无论如何，人们不可能不爱上斋浦尔，那粉红色的城墙和建筑像一块画布，任女性穿着的鲜艳纱丽和集市上香料的浓郁芬芳在其上任意涂抹。

斋浦尔是装满奇迹的宝库。1728年，王公萨瓦伊·杰伊·辛格（Sawai Jai Singh）建造了这座城市，并下令修建了惊人的简塔·曼塔天文台（Jantar Mantar）。曾经，人们在此利用14个天文仪器观测星空，测量星星的准确位置，并将这些发现交给宫廷天文学家进行进一步的解读。另一处奇妙的盛景是风之宫殿（Hawa Mahal），它的外墙布满953扇窗户，以砂岩镂空而成，使后宫女眷可以看到外面的世界，而又不必抛头露面。

P76—77 拉贾斯坦邦首府是建筑杰作的宝库。这里有风之宫殿，其外墙布满953扇窗户，红砂岩镂空而成的窗棂仿佛刺绣般精致，使后宫女眷可以看到外面的世界，而又不必抛头露面。粉红色建筑群是斋浦尔的一大特色，那里曾经是斋浦尔王公的宫殿，如今已成为展览奇珍异宝的博物馆。

这里还有迷宫般的城市宫殿（City Palace），宫殿内有一座展示奢华王室用品的博物馆，包括两只重达345千克的银壶，由王公萨瓦伊·马德侯·辛格（Sawai Madho Singh）订制，以便从恒河（Ganges）运送恒河的圣水供其在旅途中沐浴。此外，在斋浦尔城郊的一座小山上还矗立着琥珀堡（Amber Fort），那里曾是防御堡垒，也是王公享乐的场所。这里甚至有一间完全由小镜子镶嵌而成的“镜宫”，营造出满天繁星的奇幻夜空，供王公欣赏。要来这里参观，就要花几个卢比，像王公们那样坐在装饰华丽的大象背上，沿着蜿蜒的山路走进这栋魔幻建筑的大门。

事实上，兰巴皇宫的夜晚和大象骑行只是梦幻度假体验的冰山一角。另一个必不可少的去处是宝石宫殿（Gem Palace），这是“世界宝石切割之都”斋浦尔最负盛名的珠宝店。将宝石镶嵌在富有东方特色的戒指上，送给你的爱侣，她就将永远是你的“马哈拉尼”（maharani，印度的“邦主之妻”）。

P78 琥珀堡建于16世纪晚期，坐落在距斋浦尔11千米的山丘上，雄踞于毛塔湖（Lake Maota）畔。作为一座军事要塞，琥珀堡看起来却更像是一处纵情声色的华丽宫殿。

P79（上） 距离斋浦尔粉红色城墙不远的兰巴皇宫，已于1957年被改造为豪华酒店。这座建筑于1835年落成，最初是作为新生的王子拉姆·辛格二世（Ram Singh II）及其乳母的宫殿。

P79（下） 除了丰富的艺术品收藏，兰巴皇宫还因其华美的建筑和花园而闻名。

加勒 / *Galle*

斯里兰卡

18世纪，霍勒斯·沃波尔（Horace Walpole）伯爵在写给友人的一封信中提到了“意外之喜”（serendipity）一词，此词由此而被西方世界所了解。沃波尔创造此词的灵感来源于一则古波斯寓言《锡兰三王子》（*Three Princes of Serendip*），讲述了三位王子凭借直觉和运气，发现了一系列不期而遇的惊喜。“Serendip”（锡兰）一词由阿拉伯人取自梵文“Simhaladvipa”（僧伽罗），意为“狮子居住的岛屿”（狮子国），以命名这座泪滴形状的岛屿，这就是如今的“璀璨之岛”斯里兰卡。

世界上几乎没有哪个国家能够在如此狭小的地域拥有如此丰富而多样性的地形、文化、生物。这一点如此令人印象深刻，以至于人们会期待在每一条艰险的道路转弯处，都能收获幸运的发现。总之，“意外之喜”是斯里兰卡命运的一部分。同样的“意外之喜”还发生在1505年，当时一艘葡萄牙船只在追逐前往马尔代夫的阿拉伯香料运输船队时迷失了方向，意外地来到这里，揭开了斯里兰卡的殖民历史。据说，当时由于水手们听到了海岸上公鸡的鸣叫声，便把这片海角命名为“加洛”（Galo，有公鸡之意）。

坐落在斯里兰卡西南端，是联结阿拉伯、非洲和远东的战略要地，这座如今被称为“加勒”的城市，拥有被列入联合国教科文组织《世界遗产名录》的加勒古堡，是南亚独特的殖民城市综合体。这里唯一留下的葡萄牙统治的痕迹就是所谓的“黑堡垒”（Black Bastion），它是圣克鲁斯堡垒（Santa Cruz Fort）最古老的残余部分。另一方面，荷兰人也留下了不计其数的遗产。1640年，荷兰人从葡萄牙人手中夺取了控制权，并一直统治此地，直至1796年被英国人夺走。荷兰人在此修建了一座堡垒，有两扇大门，其中一扇饰有荷兰东印度公司（Dutch East Indies Company）的标志，上面刻有“联合东印度公司”的字母缩写“VOC”。此外，这里还有恢弘的教堂和建筑。而对于信奉实用主义的英国人来说，他们的活动仅限于“占领”荷兰建筑，因而这里也就成了殖民地的行政中

P80—81 乌纳瓦图纳（Unawatuna）是加勒极美的海滩之一。情侣们最适合在落日时分来到这里漫步，倾听风拂过棕榈树叶奏出的乐曲。相距不远便是韦利格默海滩（Weligama），你会看到渔民坐在插入海中的高木桩上，边艰难地保持平衡边钓鱼。当地的500余户居民仍然在使用这种古老的“高跷海钓”方法捕鱼。

心。他们为统治者和高官们在堡垒内外修建了精美的宅邸，有些已经被改造为殖民风格的酒店，室内摆放着柚木家具，维多利亚女王和伊丽莎白女王二世（Queen Elizabeth II）的肖像可谓无处不在。加勒堡垒的每一个角落都透着无与伦比的浪漫气息。市集中香气浓郁的香料和悬崖边陡峭的小径，似乎都属于另一个时代。你只需乘着传统的嘟嘟车（tuk-tuk），来到加勒城外几千米的地方，就能够饱览斯里兰卡最美丽的海滩，从维贾亚（Wijaya）到美瑞沙（Mirissa），以及韦利格默和乌纳瓦图纳，这些海滩因“高跷渔夫”而闻名。他们会坐在高木桩上边保持平衡边捕鱼。而一旦走进内陆，即使只走进一点距离，你就会发现一片全然不同的世界，这里是一片原始森林，稻田和茶叶种植园，生产岛上的主要出口产品。就在一片有机茶园中，坐落着卡哈达神田酒店（Kahanda Kanda），一个真正值得造访的新发现。这里只有9间套房，坐落在栖居着各种鹦鹉和孔雀的花园中。这家酒店除了能让人放松身心，还提供多种有趣的活动。情侣们可以体验烹饪课程，或乘船游览附近的科加拉湖（Koggala Lake）。在湖中的一座小岛上，有个家族从葡萄牙殖民时期便开始经营一片肉桂种植园，直到现在。

P82 葡萄牙人建立的加勒城，在1640—1796年间成为荷兰东印度公司的重要财产。当时，荷兰的船只满载着香料和茶叶，从这里返回欧洲。古老的锡兰岛上，肥沃的土地滋养着茶叶繁茂生长。

P83 加勒古堡曾经和谐共存着信奉印度教的泰米尔人、穆斯林和信奉基督教、佛教的僧伽罗人。从这座宜人的海滨城市向内陆走上几千米，便可到达浪漫的卡哈达神田酒店。

迪拜 / *Dubai*

阿联酋

英国探险家威尔弗雷德·塞西格（Wilfred Thesiger）在《阿拉伯沙地》（*Arabian Sands*）一书中，讲述了他在1946年夏天遭遇的一场可怕经历。彼时，他正在前往波斯湾（Persian Gulf）的路上，几乎弹尽粮绝，只剩下一壶水。他在沙漠中度过了3天，伴着严重的幻觉，等待他的贝都因人（Bedouin）向导。“不”，他写道，“我宁愿在这里忍饥挨饿，也不愿坐在椅子上，在酒足饭饱之余，听着无线广播乘车穿越阿拉伯”。

塞西格于2003年逝世，享年93岁。沙漠的虚无神秘使其成为哲学中虚无的象征，他比任何人都有更深的领悟，也因此而享誉世界。如果今天，在他旅程的终点，他和骆驼来到10车道宽的谢赫扎耶德路（Sheikh Zayed Road），在这条通往“无所不有的沙漠之城”迪拜的大道上，不知道他又会说些什么。塞西格的可怕噩梦，在这里也会黯然失色。世界最高的摩天大楼哈利法塔（Burj Khalifa）；人工修建的两座棕榈树形状的棕榈岛（Palm Island）；依照世界各大洲形状建造的人工群岛［就命名为“世界群岛”（The World）］；阿联酋购物中心（the Mall of the Emirates），也是世界上最大、最光彩夺目的购物中心；以及迪拜滑雪场（Ski Dubai），位于室内的滑雪道让你可以在室外高达40摄氏度的天气里，在粉状雪上完成一场障碍滑雪赛。而在阿联酋的第二大酋长国，惊为天人的奇迹远远不止于此。卢浮宫在阿联酋首都阿布扎比（Abu Dhabi）开设了分支机构——如梦似幻的“阿布扎比卢浮宫”，即由让·努维尔（Jean Nouvel）担纲设计，以及由弗兰克·盖里（Frank O. Gehry）设计的古根海姆博物馆（Guggenheim Museum）新馆。毫无疑问，迪拜是酋长的梦想成真之地，但是我们能否称之为“浪漫的度假胜地”？首先，永远不要低估购物所具有的“催情”功效，至少对于你的“另一半”来说绝对所言非虚。这里可以满足你最狂野的欲望，甚至是那些你从未意识到的潜在欲望。在拥有近100万立方米水量、52种鱼类的热带水族馆中享受烛光晚餐，在夕阳下乘坐豪华的传统波斯湾商船在海上航行。最后要着重推荐的选择是唯一皇家幻影酒店（One&Only Royal Mirage），在这儿可以俯瞰瑰丽的朱美拉（Jumeirah）海滩。这是阿联酋超级奢华的酒店，不仅因为它如同《天方夜谭》故事里的华丽的建筑、室内陈设和茂密棕榈花园，更由于其所提供的完美服务，能够满足客人的所有需求和突发奇想。奇想是迪拜的特权，这座城市为公民提供了一种只能称之为“性”的刺激形式。是的，迪拜就像性爱一样美妙。借用伍迪·艾伦（Woody Allen）的话来说，“无爱之性毫无意义，但即便如此无意义的经历，却也如此美妙”。

P88—89 唯一皇家幻影酒店面向无垠的朱美拉海滩，是阿联酋最浪漫的度假酒店。事实上，整座迪拜城就是一系列吉尼斯世界纪录的集合，首屈一指的是高达828米、160层的哈利法塔。这座世界最高摩天大楼就耸立在迪拜市中心，四周环绕着葱郁的植被和华美的喷泉。

佩特拉 / *Petra*

约旦

1812年，瑞士旅行家路德维希·伯克哈特（Ludwig Burckhardt）重新发现了壮观的纳巴泰城市佩特拉，但是关于这座世界最著名考古遗址的传奇故事，还要从1838年开始说起。那一年，年轻的苏格兰艺术家大卫·罗伯兹（David Roberts）来到佩特拉，创作了百余幅素描和水彩画，在浪漫主义时期的欧洲掀起轩然大波，激起了欧洲人近乎疯狂的想要一睹佩特拉真容的渴望。

如今，这种渴望依然强烈，可以说，现在的人们即使没去过约旦，也看到过佩特拉的样貌。然而，没有任何图像能够充分展现佩特拉之美。就连最伟大的摄影师以及掌控光影效果和捕捉瞬时现象的大师，也无法展现出佩特拉岩石的真实色彩，那些如东方丝绸般流淌的红色、橙色和粉色旋涡。同样的，没有任何事物能让我们提前预演抵达佩特拉时的激动心情。蜿蜒狭窄的西克（Siq）峡谷是进入城市的唯一通道。穿过峡谷，首先映入眼帘的是举世无双的卡兹尼神殿（Khazneh al-Farun），又被称为“法老的宝藏”（Pharaoh's Treasury）或“艾尔卡兹尼宝库”（Al Khazneh/Treasury）。这仅仅是数十座惊人建筑之一，寺庙、陵墓和宅邸，构成了绝无仅有的奇迹之地，当然这在很大程度上要归功于天然的玫瑰色山岩造就的宏伟壮丽和雄浑诗意。

佩特拉之旅会让你心满意足而别无它求。不过，情侣们也深知，任何新的情绪都会激发新的欲望。而约旦，在这方面恰恰有着丰富的“库存”。最优先的体验是在月亮峡谷（Wadi Rum）的贝都因式帐篷中共进晚餐，然后享受夜空中的灿烂星辰。月亮峡谷是世界上极为壮观的峡谷之一，它的传说始于T. E. 劳伦斯（T.E.Lawrence）[更为人熟知的称谓是“阿拉伯的劳伦斯”（Lawrence of Arabia）所著的《智慧七柱》（*The Seven Pillars of Wisdom*）一书]。更为引人入胜的刺激之旅是沿着狭窄的约旦峡谷（Jordan Valley）一直走到死海（Dead Sea），惊艳于不期而遇的绿色；或是骑马穿过如今已成为保护区的瓦迪穆吉峡谷（Wadi Mujib）；亦或是享受在瀑布中游泳和浸泡马茵温泉（Hammamat Zarqa Ma'in）后的神清气爽。距离这座人间仙境不远，坐落着重要的历史遗迹和宫殿要塞穆卡维尔（Mukawir），就是在这里，传说

P90—91 代尔修道院（Al-Deir）被称为“修道院”是因为房间中有拜占庭时期雕刻的十字架。它也是纳巴泰国王奥保达一世（Obodas I）的陵墓。如果说代尔修道院是佩特拉最宏伟的建筑，那么卡兹尼神殿，或“法老的宝藏”，就是最迷人的建筑。它如魔法般出现在蜿蜒狭窄的西克峡谷尽头。

P92 骑着骆驼穿行在月亮峡谷的岩层中，感受沙漠的惊险刺激，仿佛回到了“阿拉伯的劳伦斯”的时代。

P93 距离死海和历史古城米底巴（Madaba）不远，一条狭窄的峡谷掩盖着马茵绿洲的踪迹，人们从古罗马时期便开始使用这里的温泉。在这荒凉崎岖的自然美景中，坐落着艾维森马茵温泉度假酒店（Evason Ma′in Six Senses），客人们可以在此享受温泉水疗。

中的莎乐美（Salomé）曾向希律王（King Herod）进献舞蹈（《马可福音》6:21–29）。

在这片海拔低于264米且与四周环境完美融合的绿洲中，坐落着新近落成的艾维森马茵温泉度假酒店，是约旦最具诱惑力的生态度假酒店，以其得天独厚的水疗中心而闻名。在这里，你可以享受用死海盐、死海泥按摩美容的乐趣。

土耳其海岸 / *The Turkish Coast*

土耳其

P94 (上)—95 位于费特希耶 (Fethiye) 以南几千米的“厄吕代尼兹”(土耳其语：Ölüdeniz，在土耳其语中意思为“死海”) 是一片碧蓝色泻湖，岸边是细腻的白沙滩，四周悬崖上点缀着芳香的松树。这不仅是一处风景迷人的度假地，也是船只的绝佳避风港。

P94 (下) 乘坐豪华游艇沿着土耳其海岸线航行，配着香槟酒享受一道精致的开胃菜。

它优雅地穿过土耳其海岸的水域，黑色的风帆直直地刺入天空，如此引人注目。这是“白鲸一号”（Beluga One）游艇，是有史以来在地中海航行的最珍贵的帆船。全球知名的享乐主义的权威杂志都对其作出过热烈评论，它也的确实至名归。这艘轮船由著名伦敦设计师阿努斯卡·亨普尔（Anouskha Hempel）进行了修复，每一处细节都得到了改装。不用说，能够租赁“白鲸一号”在夏日的海中航行，是极少数人的福利。但如果你能够接受看起来像苏丹寝宫的船舱和没有黑色船帆的船只，那么要告诉大家一个好消息：所有人，或者几乎所有人，都能够乘帆船领略土耳其海岸的神奇，甚至可以享受到豪华配置——包括侍者和高级厨师。这要感谢像Exclusive Gulets这样的租赁公司，他们提供传统纵帆船和地中海轻帆船（由传统古代爱琴海帆船衍生而来，多为捕捞海绵的渔民和潜水者使用），配备各种设施设备，能够满足最苛刻的游客的需求。另外，这里真正豪华的度假体验可以说来自于美丽的沿途风景，不论是博德鲁姆（Bodrum）、安塔利亚（Antalya），还是村庄小岛。土耳其学者和恣意享乐的人们乘着地中海轻帆船扬帆远航的时代已经过去了50年。他们都受到诗人杰瓦特·沙基尔·卡巴阿契勒（Cevat Şakir Kabaağaçlı）的影响，他于1925年离开伊斯坦布尔（Istanbul），前往博德鲁姆与水手们同住，并以“哈利卡尔纳索斯渔夫”（the Fisherman of Halicarnassus）为笔名进行写作。在土耳其海岸的度假时光中，也可以享受成为“首位”在某处荒岛抛锚停泊的情侣的荣光。在璀璨星空下，或是在传说中马克·安东尼（Mark Anthony）和埃及艳后克利奥帕特拉（Cleopatra）幽会的洞穴中度过浪漫的夜晚。

在著名的景点中，费特希耶古镇总是能带来令人赞叹的惊喜。建造于特摩索斯（Themessos）古城废墟之上的费特希耶，拥有尤为壮观的历史遗迹（即使在盛夏时节的8月，也要在16世纪的奥斯曼建筑中享受一次土耳其浴），还有美如仙境的海滩，例如著名的土耳其“死海”。卡尔坎（Kalkan）是利西亚（Lycian）文明的中心，帕塔拉（Patara）是神话中阿波罗太阳神的出生地，卡斯（Kaş）拥有别致的市集和海湾，水下几米便是散布的考古遗址。最后，还有不容错过的契拉勒（Çirali）和凯梅尔（Kemer）的渔村，这里碧蓝的海水与延伸至地平线尽头的绿色丛林相互映衬，美不胜收。奥林波斯国家公园中（Olympos National Park）的美景，仿佛在告诉我们这样的假期连众神也会迷恋。

拉普兰 / *Lapland*

瑞典

P96 在欧洲最后的野境瑞典拉普兰，每一天都如此精彩。对于不怕冷的人来说，冬天是最棒的季节，因为此时这里银装素裹的景色最为激动人心。你可以享受高山滑雪、越野滑雪和雪橇摩托的畅快，甚至乘坐更为浪漫的驯鹿或爱斯基摩犬拉的雪橇，从而了解"寒冷土著民族"萨米人（Sami）的传统和生活方式。

P97 阿比斯库国家公园（Abisko National Park）以北极光天空站（Aurora Sky Station）而闻名，这里是观察奇幻北极光的理想地点。

位于北极圈以北200千米的优卡斯亚维（Jukkasjärvi），人口1100人，有爱斯基摩犬1000只。这里不仅是瑞典拉普兰最偏远的村庄，同时也是地球最北部、冬季最热门的旅游胜地。至今已有来自80个国家的5万名游客在著名的冰雪旅馆（Ice Hotel）中度过了至少一晚的时光。

冰雪旅馆每年12月开始对外开放，至冰雪消融的次年4月中旬休业。每年的10—11月，约100人的团队会利用冰雪混合物（snice）建造酒店，从附近的索恩河（Thorne River）收集2500块重达5000吨的冰砖。

当面积约为5500平方米的支承结构建成后，会由艺术家和设计师完成家居陈设、套房和公共区域的建构，并根据要求建造一座教堂，因为时常有婚礼在这里举行。

且不论那些晶莹的白色房间如何瑰丽奇幻，仅在冰雪旅馆–5摄氏度的冰屋中裹着兽皮睡觉，都是对于毅力（以及爱情）相当严峻的考验。因此，游客们需要同时参加“生存课程”的训练，酒店员工每晚都会授课。

迄今为止，所有旅客都已光荣通过测试，而且说实话，即使他们浑身发抖而无法入睡，也是由于身处此地的激动之情。酒店会在早上提供丰盛的早餐，包括热越橘汁，随后还有一系列活动，让你在拉普兰的假期尽可能变得更加特别。

你可以选择一场探险，乘坐摩托或狗拉雪橇去参观萨米人的村庄，或是穿上雪鞋沿着阿比斯库国家公园中长达443千米的国王之路（Kungsleden）徒步旅行，这也是瑞典最激动人心的冬季徒步路线。

阿比斯库国家公园占地面积仅有78平方千米，它保护着一片寒冷荒野，是瑞典拉普兰地区观看北极光的最佳地点。

为了享受这里美妙的夜间活动，你需要前往北极光天空站。终于来到温暖的地方了，这里有最先进的天文台和浪漫的餐厅，可以品尝到北极的珍馐美馔。

P98 独角兽与哥特式建筑。奇幻色彩是大厅的主要基调，由于每年冰雪旅馆都会重新建造，总是会带来别出心裁的创意和无与伦比的体验。

P99（上） 冰雪旅馆冰屋中的温度是-5摄氏度。然而，令人吃惊的是，只需要柔软的毛毯和美好的伴侣，就可以在这里度过梦幻的一夜。

P99（下） 用5000吨冰砖建造而成的冰雪旅馆。除了华美的套房，这里还有一座教堂，时常有婚礼在此举行。

圣彼得堡 / *Saint Petersburg*

俄罗斯

P100 这座辉煌的城市距离北极圈仅有800千米，目之所及皆是一片银装素裹，更突显出建筑的奇幻之美。从斯莫尔尼教堂（Cathedral of Smolny），到旁边俄罗斯帝国的第一所公立女子学校，再到海军部大楼（Admiralty）顶部直入云霄的镀金尖塔形成一道美丽的风景线。这里也是涅瓦大街（Nevsky Prospekt）、沃兹涅先斯基大街（Voznesensky Prospekt）和戈罗霍娃街（Gorokhovaia Street）这三条主干道的交汇之地。

P101 冬宫（Winter Palace）内有艾尔米塔什博物馆（Hermitage Museum），长达500米的外墙倒映在冰冻的河水中。

当你观看亨利·马蒂斯（Henri Matisse）的画作《舞蹈》（*The Dance*）时，仿佛自己也在一起纵情舞蹈。这幅作品是应一位俄罗斯贵族的委托创作而成，选择以圆圈舞的母题表现20世纪的旋律与精神。这只是艾尔米塔什博物馆无数旷世杰作中的冰山一角。作为世界最大的博物馆，艾尔米塔什博物馆拥有270万件艺术藏品，分布于6栋建筑中的400个房间之内，包括将灰泥墙面与镀金装饰完美结合的俄罗斯沙皇皇宫——冬宫。此外，令人印象深刻的还有俄罗斯国家博物馆（Russian State Museum）中夏加尔（Chagall）、康定斯基（Kandinsky）和马列维奇（Malevich）挥洒在画布上的色彩，以及整个城市唯一一座真正的俄罗斯式建筑滴血救世主教堂（Church of the Savior of the Spilt Blood）上五彩斑斓的洋葱形圆顶。

圣彼得堡拥有的珍宝无以计数，更无法在短暂的假期中览尽繁华。这座俄罗斯故土上最特别的城市，由彼得大帝（Peter the Great）于18世纪早期提出构想，并由技艺高超的意大利建筑师完成建造。我们同样无法追寻所有伟大的俄罗斯文化代表人物，从普希金（Pushkin）到陀思妥耶夫斯基（Dostoevsky），或是聆听柴可夫斯基（Tchaikovsky）和斯特拉文斯基（Stravinsky）的全部乐章。想尽量感受的话，你需要每晚都在马林斯基剧院（Mariinsky Theater）预订座位。此外，我们也不可能领略圣彼得堡城外的所有美景。这里有罗曼诺夫王朝的彼得夏宫（Peterhof Grand Palace），花园中装饰着约150座镀金喷泉。还有沙皇村（Tsarskoye Selo），坐落着叶卡捷琳娜宫（Catherine Place）等宫殿，富丽堂皇的巴洛克式外墙向两侧延展开来，以碧蓝、白色和金色描绘出梦幻绚烂的色彩，宫殿内部的装潢也极尽奢华。夏天时，这里的白天会越来越长，直至出现“白夜”（White Nights），毕竟这里距离北极圈仅有800余千米。

在圣彼得堡，连休闲娱乐设施都充满着文化气息。例如你一定要选择的阿斯托利亚酒店（Astoria），它是于十月革命（October Revolution）前在圣以撒大教堂（St.Isaac′s Cathedral）对面建造的豪华建筑。

经过翻修的酒店恢弘华丽，或公开或私密地

接待过众多名流权贵。就是在这里，鲁莽暴躁的拉斯普京（Rasputin）与情人幽会，伊莎多拉·邓肯（Isadora Duncan）赤脚翩翩起舞。这里的精品店以世界上最珍贵的法贝热（Fabergé）彩蛋和珠宝闻名，许多欧洲权贵都曾莅临于此。如果你下榻阿斯托利亚酒店，一杯以俄式茶具奉上的俄罗斯茶，或是一顿主打鲟鱼鱼子酱的浪漫晚餐，都会令你感觉仿佛真正进入了沙皇的童话世界之中。

P102 (上) 位于格里博伊多夫运河（Griboedov Canal）河畔的滴血救世主教堂，是圣彼得堡唯一真正的典型俄式建筑。它有洋葱形圆顶，墙壁上镶嵌着总面积接近7000平方米的马赛克图案。

P102 (下) 从富丽堂皇的阿斯托利亚酒店，可以将圣以撒广场的美景尽收眼底。在推翻圣彼得堡沙皇统治的十月革命之前，阿斯托利亚酒店盛大开业，成为招待皇室贵族、传奇影星甚至神秘间谍等各色名流权贵的都市传说。

P103 (上) 可与凡尔赛宫（Versailles）媲美的彼得夏宫又名“喷泉之都”，约有150座喷泉，还有阶梯瀑布，最为壮观的一处瀑布位于皇宫主殿的正门。

P103 (下) 沙皇村叶卡捷琳娜宫的舞厅，也称“大厅”（Grand Hall），是其中最华丽夺目的房间，拥有美得摄人心魄的天顶壁画。

孙墨尔阿尔卑斯山 / *The Sunnmøre Alps*

挪威

P104 湍急的瓦尔德拉河（Valldøla River）中生活着丰富的鱼类，奔流在孙墨尔阿尔卑斯山的瓦尔达尔（Valldal）地区，尤其适合在风景如画的冬日时节徒步远足旅行。山中散落着农场和小村庄，是体验越野滑雪或道外滑雪的理想地点。此地如一颗珍珠般镶嵌在盖朗厄尔峡湾（Geirangerfjord）区中，可以俯瞰这片著名的峡湾。

P105 祖维特景观酒店（Juvet Landscape Hotel）中富有高科技色彩的极简主义奇幻房间，带来难忘的山中“鲁滨逊式”体验。

因其空灵飘逸的美，这里又被称作“新娘的面纱”。这里有诸多汇入挪威峡湾中最珍贵的“明珠”盖朗厄尔峡湾的壮观瀑布，它们统称为“七姐妹瀑布”（挪威语：Sju Systre，英语：SevenSisters），得名于其奔腾咆哮着坠入广阔水域的“七条臂膀”瀑布可在阳光的照耀下折射出彩虹，这在乘船游览峡湾地区能够欣赏到的一系列奇观中最为引人入胜。不过，这是从水中游览盖朗厄尔峡湾以观赏水上风光，而另一种不同寻常的方式是登高远望。情侣们可以冒险登上孙墨尔阿尔卑斯山，有天然的平台可以一览峡湾的盛景，远眺茂密的桦树和山毛榉树林，以及掩藏着废弃农庄的山峰峡谷。

在孙墨尔阿尔卑斯山，或者更准确地说，在瓦尔达尔地区，有着丰富鱼类的瓦尔德拉河湍流汹涌，湍急的河水和起伏的地形形成了诸多神奇瀑布。最富诗情画意的祖维特酒店是世界首家景观酒店，是在莽莽群山中寻求“鲁滨逊式”体验的绝佳地点。挪威传奇的高山向导克努特·斯林宁（Knut Slinning）策划了这一绝妙创意，并致力于推广纵横全国的公路网“国家景观线路”（Nasjonale Turistveger）。可以说，景观酒店是对极简主义理念“少即是多（less is more）”的极致演绎。

如果大自然是人们所能想象到的最佳设计师，那为什么还要装饰酒店的房间呢？因此，祖维特酒店拥有数十座装有玻璃幕墙的小木屋，并实现了环境零负荷。室内仅有一张床、读书灯以及可供休息的躺椅，一切“装饰”都来自于蓝天、河流、绿树、灰山，当然还有冬季的皑皑白雪。然而，令人惊奇的是，祖维特酒店完全不会给人以简陋落后之感。这里也有高档餐厅和天然水疗馆。总之，这里提供的是极致奢华的享受，以及一年四季都可以享受经验丰富的向导克努特·斯林宁所经历的体验。你可以在以英雄的维京国王奥拉夫·哈拉尔德松（Olav Haraldsson）命名的小径徒步观光，或是沿着精灵之路（Trollstigen）走向从陡峭山崖上千米高处延伸而出的观景台，凭栏远眺峡湾和翁达尔斯内斯（Åndalsnes）古镇。你还可以尝试漂流、山谷蹦极、钓三文鱼，甚至可以在夏天来到奇幻的约斯特达尔冰川（Jostedal Glacier）挑战道外滑雪。

苏格兰高地 / *Scottish Highlands*

英国

P106 来一场怀旧浪漫的蒸汽火车之旅，从令人晕眩的陡峭高架桥上穿梭于威廉堡（Fort William）和马莱格（Mallaigh）之间的葱郁景色。当你抵达目的地后，最佳的选择是入住阿尔达奈塞格酒店（Ardanaiseig），一座别致的19世纪乡村别墅，由苏格兰传奇建筑师威廉姆·伯恩（William Burn）设计。

P107 位于奈恩（Nairn）附近的考德城堡（Cawdor Castle），因其美丽的花园和与莎士比亚悲剧《麦克白》（*Macbeth*）的联系而闻名。

每年9月，至少有一位皇室成员会出席在阿伯丁郡（Aberdeenshire）布雷马（Braemar）举办的高地运动会（Highland Games）中最重要的项目。自1820年起，随着以沃尔特·斯科特（Sir Walter Scott）为首的浪漫主义作家掀起对苏格兰历史和传统的关注，以及维多利亚女王提供的皇室资助，“苏格兰短裙奥运会”获得了官方认可。起源于中世纪和自发性的精神得到传承，各种项目的观看体验也同样激动人心——抛杆赛、摔跤、苏格兰飞锤、石球和坡道竞走等，还有风笛的音乐伴奏。外国人也同样可以应邀参加。

你只需在苏格兰高地停留几天的时间，从高山到丘陵和湖泊，面朝这座骄傲国度的西北海岸和岛屿，去感受苏格兰和似乎仍然留存在传奇英雄时代的一隅世界。这就是蕴含集体想象力的苏格兰，可以乘车或步行，可以慢慢探索其最原生态的荒野，例如不列颠群岛（British Isles）的最高峰本尼维斯山（Ben Nevis）上的小路。或者乘坐火车，尤其是“通往霍格沃茨”的蒸汽火车（Jacobite号），从令人晕眩的陡峭高架桥往返于苏格兰高地重镇威廉堡和海滨城市马莱格。沿途的奇幻风景正是《哈利·波特》系列电影的取景地。

在这神秘、文艺与浪漫的旅程中，更不能错过的还有苏格兰的城堡。以水怪著称的尼斯湖（Loch Ness）畔的厄克特城堡（Urquahrt Castle），坐拥摄人心魄的美丽景致。班夫郡（Banffshire）的巴林道湖（Ballindalloch）城堡是经典的童话城堡，因其建筑、奢华的装饰和房间，以及惊人的绘画收藏而被誉为“北境之珠”。你一定要在午后来到凯斯内斯（Caithness）的梅伊堡（Castle of Mey），刚好可以享用一顿英式下午茶，这里拥有英国知名的优雅茶室。梅伊堡四周环绕着雅致宜人的花园，曾是伊丽莎白女王最喜爱的夏日行宫。日落时分，是品尝这里声名远播的纯麦威士忌的最佳时光，并且最好在莎士比亚悲剧《麦克白》中城堡的原型考德城堡中感受文学的熏陶。

圣马洛 / *Saint-Malo*

法国

P110 圣马洛被誉为“波涛上的石皇冠”，从空中俯瞰圣马洛便可证明这样的比喻是多么贴切。这座古城是向东的大多旅程的起点，沿海岸前往康卡勒(Cancale)，沿途还可以领略布列塔尼（Brittany）的野性魅力。圣马洛的另一处胜地是瑞驰城堡酒店（Château Richeux），一座典型的布列塔尼式浪漫庄园(malouinière)，提供各种便利设施和休闲活动。

P111 在法国的“生蚝之都”康卡勒，这些珍贵的软体动物吸附在海岸边生长，满眼皆景。

公元1世纪，罗马历史学家普林尼（Pliny）将布列塔尼称为“海洋观赏者”，以不同寻常的方式将其地理位置、象征地位，以及未来和命运结合了起来。无疑，世界上再无一处像法国圣马洛这样受到海洋万般变化巨大影响的地方。在这里，海洋永远是地形的主宰者，使其狂野而浪漫，险峻而纷乱，游走于现实与虚幻之间。而在布列塔尼，仿佛从海洋中诞生的圣马洛又是独一无二的存在。正如福楼拜写道的，这座城市“依海而建……壁垒四合，如石制皇冠，堞口是其上镶嵌的宝石”。

圣马洛全部以花岗岩建成，其建筑协调统一，稳固坚实，坐落在著名的巨大防御城墙内，体现了其独立、顽强和好战精神。它以为法国国王服务的“海盗之城”而闻名，并因此被敌对的英国人视为“马蜂窝”。这座肃穆的灰色城市散发出朦胧的动人魅力，浪漫主义之父阿达拉·勒内·夏多布里昂（François-René de Chateaubriand，1768—1848年）便诞生于此。17—18世纪，圣马洛成为法国的主要港口，因渔业、香料、服装、印度奴隶贸易，以及海盗的战利品而繁荣发展。就是从那时起，圣马洛的船主和船长建造了“圣马洛式庄园”（Malouinière），这些壮丽的乡村别墅通常与海边仅有一步之遥，围绕着这座堡垒城市，带来一丝甜蜜和谐的气息。其中有的被改造成为了富有魅力与个性的浪漫假期的理想酒店，比如科伦姆比城堡（Château de Colombier），又称“鸽房城堡”（Dovecote Castle）。

白天享受过布列塔尼翡翠海岸（Emerald Coast）的蓝天、碧海、白沙与沿岸的美丽小镇后，夜晚回到“鸽子房”，便能体会到纯粹的快乐。迪纳尔（Dinard）是圣马洛的姊妹城镇，在19世纪中叶，它的精致优美吸引了优雅的社会名流，赢得了“北方戛纳”的美誉。这其中便包括毕加索（Picasso），他在这里创作了魅力感性而享誉世界的绘画《沐浴者》（*Baigneuse*）；还有电影导演埃里克·侯麦（Eric Rohmer），他在圣马洛拍摄了一部经典作品《夏天的故事》（*A Summer's Tale*），讲述了一段关于爱与背叛的悲情故事，似乎正符合勒克吕斯（l'Écluse）海滩和海关路（Sentier des Douaniers）通向的悬崖峭壁之间汹涌波涛的韵律。这条海边小径由海关人员在百余年前为了封锁横跨英吉利海峡（British Channel）的走私而铺就。一定要在夕阳下来到这里漫步，欣赏海水与悬崖呈现出的迷幻色彩，云在风中起舞。向东去，往诺曼

P112 “欢迎登船”，这是康卡勒码头边的特色生蚝吧外展示的标语。鲜美生蚝搭配一杯冰镇密斯卡岱（Muscadet）白葡萄酒，令人情不自禁地大快朵颐。

P112—113 康卡勒毗邻诺曼底（Normandy），夕阳下神秘的圣米歇尔山（Mont-Saint-Michel）美得摄人心魄。

底（和圣米歇尔山）方向，是另一处“必去”之地，康卡勒有着更为平淡的快乐氛围。它是风景如画的海边小镇，享有“生蚝之都”的盛誉。这道有“催情”效果的美味，必须在顶级名厨奥利维尔·罗林格（Oliver Roellinger）经营的贝壳餐厅（Le Coquillage）享用。贝壳餐厅位于浪漫悠闲的瑞驰城堡酒店，拥有私人菜园，坐落于一栋20世纪20年代的大庄园中，俯瞰着礁石与大海。

香槟区 / *Champagne*

法国

“凯旋告捷当饮之庆贺，战败而归当饮之解忧”。这是温斯顿·丘吉尔（Winston Churchill）关于香槟的妙言，这位伟大的英国政治家将香槟视为一生中最大的快乐。然而，奥斯卡·王尔德（Oscar Wilde）则巧妙而讽刺地将香槟的气泡与激情火花相联系，他指出，“已婚家庭的香槟极少是一流的品牌”。传说中，修道院长佩里尼翁（Dom Pérignon）于1670年发明了香槟酿造法（methode champenoise）（这一说法也许有误），请他的同僚品尝第一杯香槟，并惊叹道：“快来！我在品尝星辰！”

香槟，一种具有神奇力量的玉液琼浆，能够为任何特别的时刻“锦上添花”。情侣们最好是在葡萄成熟的秋天，在最诱人的葡萄酒产地度过几天时间，没有什么比这更特别的体验了。距离巴黎150千米的香槟区，有马恩河（Marne River）穿流而过，邀请你开启一段美妙旅程。从奥维利修道院（Hautvillers Abbey）开始，参观佩里尼翁墓。然后前往香槟区的主要城市兰斯（Reims），欣赏世界著名的哥特式教堂兰斯圣母院（Cathedral of Notre Dame），法国国王曾在此加冕，陶醉于马克·夏加尔（Marc Chagall）设计的绚丽缤纷的彩色玻璃装饰。在历史中心区，各式建筑异彩纷呈，从罗马式（Gallo-Roman）建筑到装饰艺术（Art Déco）应有尽有。这里有众多最为著名的香槟品牌，例如凯歌（Veuve Clicquot）、玛姆（Mumm）、汝纳特（Ruinart）、泰亭哲（Tattinger）和伯瑞（Pommery）。伯瑞香槟酒庄是一座建于19世纪的庄园，新哥特式和新伊丽莎白式风格吸引着英国的顾客。在各品牌酒厂，可以参观从白垩石中开凿出的酒窖，并参加品酒会。距离兰斯市中心不远的雷克莱耶尔酒店（Le Domaine les Crayères）是法国最不同凡响的酒店，因其富丽堂皇的装饰和极致优雅的餐厅而

P114 世界闻名的酩悦香槟储藏于“香槟之都”埃佩尔奈最大的酒窖群中。酒窖从岩石中开凿而出，形成长达27千米的迷宫长廊，藏有数十万瓶酒。可以跟随酒庄提供的导览进行参观，并在品酒会中品尝顶级美酒。

P115 该地区无与伦比的葡萄园每年生产超过近2亿升的香槟。

成为名副其实的“小凡尔赛”。这里提供多达300余种最佳品牌的酒类。度过精彩的一晚，你可以继续旅行，乘坐汽车、自行车或马恩河上的小舟，穿过葡萄园中星罗棋布的美丽村庄，抵达有着26,000人口的“香槟之都”埃佩尔奈（Épernay）。这里的酒窖之间有长达110千米的岩石隧道，珍藏着2亿瓶酒，著名的香槟大道（Avenue de Champagne）上坐落着各大酒厂，有酩悦（Moët et Chandon）、巴黎之花（Perrier Jouët）、梅西耶（Mercier）、宝禄爵（Pol Roger）等等。这些全都值得一观，而更热爱探险的人则可去往菈乐（Leclers-Briant）酒庄。顺着固定绳下降进入酒窖，你可以观赏到古老的马刀开香槟（Sabrage）仪式。

P116 7万平方米花园环绕的雷克莱耶尔酒店与兰斯相隔不远，精美的建筑、奢华的装饰与雅致的氛围使其脱颖而出，被誉为"小凡尔赛"。

P117 (上)　雷克莱耶尔酒店的酒吧内，人们可以一边啜饮着著名的香槟起泡酒，一边欣赏着窗外的葱郁景致。

P117 (下)　酒店内精致的客房，无疑会让你度过如香槟般奇幻而精彩的一夜。

卢瓦尔河谷 / *The Loire Valley*

法国

P118 卢瓦尔河畔的浪漫小镇昂布瓦兹（Amboise），雄踞着昂布瓦兹城堡（Château d´Amboise），它在法国历史中发挥了重要作用，并对文艺复兴时期的欧洲政治与艺术产生了巨大的影响。卢瓦尔河谷地区另一个颇受欢迎的城堡，阿泽勒丽多城堡（Château of Azay-le-Rideau），则矗立在安德尔河（Indre River）中的小岛上。

P119 香波城堡（Chambord）是卢瓦尔河谷地区最大的城堡，是文艺复兴时期建筑的杰作，在晨雾中显得灵动缥缈。

法国人说，塞纳河（Seine）是巴黎的新娘，而卢瓦尔河是巴黎的情人。作为权力的情人，卢瓦尔见证了太多阴谋诡计、争权夺势、残暴屠杀和王权更迭，以至于如果追溯一切事件的源头，就会发现所有伟大的历史都被这条法国最长的河流见证。作为美丽的情人，卢瓦尔拥有举世无双的城堡建筑，与这条长达998千米的河流两岸的风景完美融合。顺流而下，河水又分流成无数小溪和运河，流淌于森林、葡萄园、花园和星罗棋布的城市与村庄中，成为"浪漫法兰西"（la douce France）的形象体现。

流经奥尔良（Orléans）和都兰（Touraine）之间的卢瓦尔河与其支流形成了所谓"国王谷"（Valley of the Kings），对前来参观其最著名城堡的人们施下了迷恋的魔咒。香波城堡建于16世纪，被称为弗朗索瓦一世（King Francis I）的华丽妄想，坐落于克娄颂河（Closson River）畔。满是烟囱、塔楼和门廊的外观令人目眩神迷，室内440个房间和巨大的双螺旋楼梯，令人们由衷赞叹设计者莱昂纳多·达·芬奇（Leonardo da Vinci）的聪慧绝伦。布洛瓦堡（Château de Blois）收藏有3000件艺术品，是亨利四世（Henry IV）和玛格丽特·德·瓦卢瓦皇后（Marguerite de Valois）的寝宫，他们的结合是纯粹的政治联姻。就是在这里，国王下令刺杀吉斯公爵（Dukeof Guise），他是史称玛格丽特皇后众多情人中最重要的一位。沿着河谷继续向前，就是童话般的肖蒙城堡（Château de Chaumont-sur-Loire）。这里曾经款待过许多占星师，包括诺查丹玛斯（Nostradamus）。还有昂布瓦兹城堡（Château d'Amboise），至今仍然属于法国皇室直系后裔巴黎伯爵（Count of Paris）。至此，卢瓦尔河谷朝向图尔（Tours）方向的路便变得更加开阔。一定要绕行至无与伦比的舍农索堡（Château de Chenonceau），这里永恒流传着亨利二世（Henry II）的情人和妻子，黛安娜·德·普瓦捷（Diane de Poitiers）和凯瑟琳·德·美第奇（Caterina de' Medici）争斗的故事。城堡与花园的迷人意境唤起黛安娜的激情，而横跨谢尔河（Cher River）的廊桥画廊则由凯瑟琳皇后下令建造。邻近的维朗德里城堡（Chateau Villandry）拥有极致柔美的魅力，从这里美丽的文艺复兴迷宫花园便可见一斑。其他众多华美的建筑中，值得一提的有阿泽勒丽多城堡，巴尔扎克（Balzac）曾将其比作"安德尔河上的多面钻石"。而质朴的昂热城堡（Château Angers）内悬挂着14世纪的精品"启示录挂毯（Apocalypse Tapestry）"。

距离昂热的雄伟城墙不远，便是布瑞特尔斯城堡酒店(Château des Briottières)。这家酒店在众多由城堡改造而成的酒店中独领风骚，至今仍为一个贵族家族所有，已传至第六代。城堡建于15世纪，并于18世纪重建，改造为“欢乐之屋”(maison de délices)。巨大的花园向人们发出浪漫散步的邀约，装饰奢华的套房诱惑着人们开启卢瓦尔式的生活，也就是像情侣、爱人那样的生活。

P120（上） 横跨谢尔河的画廊是舍农索堡的一颗明珠，由凯瑟琳·德·美第奇下令建造。而黛安娜·德·普瓦捷则修建了美丽的花园。因此，这座城堡也记录下了两位重要女性间的争斗。

P120（下） 前往肖蒙城堡的浪漫帆船之旅。

P121 布瑞特尔斯城堡位于昂热附近一座迷人的花园内，并被改造为一家优雅宜人的酒店。

浪漫之路 / *Die Romantische Strasse*

德国

P122 为了满足巴伐利亚路德维希二世（King Ludwig II of Bavaria）的奇异幻想而建于19世纪的新天鹅堡（Neuschwanstein Castle），仿佛由梦幻般的材料构成，华丽的城堡塔楼雄踞于施万高（Schwangau）的山丘上。不远处坐落着路德维希国王酒店（König Ludwig Hotel），从其水疗中心和泳池可以眺望这片绝妙的风景。

P123 秋天将菲森（Füssen）四周的巴伐利亚阿尔卑斯山脉染上了鲜艳的色彩。这里距离浪漫之路上最受欢迎的新天鹅堡和高天鹅堡（Hohenschwangau Castles）很近。1950年建成的浪漫之路，使德国人得以再次发现国家的历史与美。

在浪漫的童话城堡中，灰姑娘与白马王子从此过上了幸福的生活。梦幻而华丽的城堡塔楼耸立于壮美的森林之中，仿佛女孩的水晶鞋般在阳光下熠熠生辉。每个年轻姑娘都曾梦想在此情此景中上演一出童话之恋，就像圆一个童年的梦，你可以在迪士尼电影《灰姑娘》(*Cinderella*) 取景的城堡中度过一段假日时光。

这座城堡就是新天鹅堡，源自“童话国王”巴伐利亚路德维希二世的奇异构想。金碧辉煌的大殿令人目眩神迷，仿中世纪风格的图案装饰在厅堂之中。壁画上描绘着特里斯丹 (Tristan) 和伊索尔德 (Iseult) 的传奇爱情故事，美丽而动人。临近的高天鹅堡雄踞在高处，俯瞰阿尔普湖 (Alpsee Lake) 和施旺湖 (Schwansee Lake)。新天鹅堡是浪漫之路最吸引人的亮点。在浪漫之路上，可以乘车或骑车，尽览阿尔卑斯山到美因河 (River Main) 的美景。更确切地说，浪漫之路是从南部的菲森镇向北到维尔茨堡 (Würtzburg)，沿途400千米的路程中，你可以看到巴伐利亚和巴登-符腾堡州 (Baden-Württemberg) 最奇幻的风景和历史古镇。这些古堡令“浪漫之路”实至名归，也让人们可以在如此浪漫的地方驻足停留，例如施万高镇的路德维希国王酒店。在这条浪漫之路上，是目不暇接的美妙图景，有可爱的小镇丁克尔斯比尔 (Dinkelsbuhl)、兰茨贝格 (Landsberg) 和罗滕堡 (Rothenburg)，房屋外是一丛丛肆意生长的天竺葵，山坡上遍布的是法兰克尼亚 (Franconia) 的葡萄园。不要忘了还有精美的食物，饺子或鸡蛋面 (spätzle)、派以及蛋糕都将是爱的馈赠。我们不可能罗列出沿途所有的浪漫景点，但是一定要去“银行家之城”奥格斯堡 (Augsburg)，那里有许多罗马遗迹和普法芬温克尔 (Pfaffenwinkel) 地区的舒适田园等待人们的到访。在这名副其实的“牧师之角”，有近200座教堂和宗教建筑，其中最有趣的当属施泰因加登镇 (Steingaden) 的维斯教堂 (Wieskirche)，它是联合国教科文组织《世界遗产名录》中最能代表德国洛可可风格的典范。维斯教堂因其内一尊历史悠久的耶稣圣像而声名远播。镀金的木制雕像散发出柔和的光泽，有如神迹，以无上的欢乐赞颂神圣的爱。而在这条激动人心的柏油路尽头，矗立着维尔茨堡官邸 (Würzburger Residenz)。它由德国首屈一指的巴洛克建筑师巴尔塔扎·诺伊曼 (Balthasar Neumann) 设计，以展现这座可爱城市中主教的荣光。环绕着意大利式园林的宫殿内，有另一位巴洛克风格的天才艺术家詹巴蒂斯塔·提埃波罗 (Giambattista Tiepolo) 创作的壁画。其以绝妙的透视和错视画法 (trompe l'oeils) 生动描绘出宏伟场景中的神话人物，为世俗之爱不可避免的诱惑谱写了一首赞美诗。

圣莫里茨 / *St. Moritz*

瑞士

“如香槟般闪耀”，这是圣莫里茨旅游局对于在珍珠般的恩加丁山谷（Engadine Valley）中清澈明亮的空气所提出的宣传语。山谷四周奇峰突起，海拔4000米的伯尔尼纳峰（Piz Bernina）上点缀着浪漫的高山湖泊，一年中有322天沐浴在阳光的照耀下。空气中如香槟气泡般的醉人效果不仅是由于海拔和独特的美景，更重要的是缘于圣莫里茨无与伦比的魅力，它就像旗帜般随风招展。的确，就连这处度假胜地的名字都受到版权的保护。

圣莫里茨是阿尔卑斯山上被开发出的第一处顶级滑雪胜地，也是唯一举办过两届冬季奥林匹克运动会的地点，时间分别是在1924年和1948年。尽管近年来，前往此地的更多是俄罗斯大亨和阿拉伯酋长，而不再是欧洲的上流社会人士，但是面对不断变化的潮流和品味，圣莫里茨作为“阿尔卑斯皇后”的名声却从未动摇。其经久不衰的成功秘诀在于优雅与精致品位的和谐融合。一定要在2月前来观看在冰湖上举行的雪地赛马大会（White Turf），可谓著名的雅士谷马场（Ascot racecourse）的“白色翻版”。别致的小木屋、酒店和餐馆，以及众多时尚精品店，吸引着狂热的崇拜者。卡地亚（Cartier）选择在这里开设瑞士旗舰店，也就是在含蓄地建议你选购一件让假期愈加难忘的礼物。不过，你也应该知道，圣莫里茨的周围有着难以置信的浪漫景色，可以在冬季滑雪（或在夏季徒步）中欣赏山景，探寻一些奇特的村庄，例如蓬特雷西纳（Pontresina），那里有装饰着壁画的古老传统建筑。此外，圣莫里茨还是冰川特快列车（Glacier Express）的起始站。乘坐列车在长达8小时的旅程中穿越瑞士最著名的地区，直至抵达最后一站，马特洪峰（Matterhorn）山脚下的采尔马特（Zermatt）。“冰川特快列车之旅”被誉为世界最壮

P124—125 切蒂安德马特酒店（Chedi Andermatt）的室外长廊。这家度假酒店将瑞士奇幻的山景和以当代东方为灵感的时尚风格相融合。至于圣莫里茨，这里的风景就像一道超现实的夜曲。经典的山间度假酒店如此壮美，其魅力源自将优雅俗世、珍馐美馔、豪华购物及冬季运动的完美结合。

观浪漫的火车旅游路线，你将穿越冰川和28座高于3962米的山峰，以及91条隧道和跨越深谷的291座桥。建议你在新近建成的瑞士滑雪度假胜地安德马特（Andermatt）下车，享受在切蒂安德马特酒店的美好时光。这家超豪华酒店成功实现了不可能完成的任务，即将高山美景与迷人的当代亚洲风格完美融合。

P126—127 冰川特快列车是世界上最著名的火车。从圣莫里茨到采尔马特或达沃斯（Davos）仅需8小时，掠过高耸的山峰，跨越壮阔的峡谷，还将穿过91处隧道和291座高空桥梁。

P126（下） 滑板滑雪爱好者可以在瑞士的阿尔卑斯山纵情释放自我。圣莫里茨冬日的盛大活动是在冰湖上举行的雪地赛马大会，其优雅魅力可与雅士谷马场的竞技相媲美。

默热沃 / *Megève*

法国

P128—129 默热沃滑雪场拥有总长约450千米的滑雪道和百余部升降设备，是阿尔卑斯山地区最激动人心的滑雪胜地。不过，人们来到这里并不仅仅是为了滑雪，还有太多有趣的选择，例如从默热沃到阿尔布瓦山（Mont d´Arbois），徒步参观14座掩映在如画美景中、建于18世纪的教堂。

P128（下） 每年1月中下旬，奥德赛雪橇犬大赛（Grande Odysée Savoie Mont Blanc）都会在默热沃隆重举行。大赛为期10天，赛道长达400千米。

滑雪度假胜地依傍着勃朗峰（Mont-Blanc），有绝佳的滑雪场地，海拔从716米到2350米不等，总长约450千米的滑雪道上分布着百余部升降设备，纵贯默热沃、拉日塔兹（La Giettaz）、孔布卢（Combloux）、圣热瓦（Saint Gervais）、圣尼古拉（Saint Nicolas）和莱孔塔米讷（Les Contamines）等地。当然，你不可能把假期都用在滑雪上。阿尔卑斯最迷人的度假区上萨瓦省（Haute-Savoie），被称为“巴黎第二十一区”（the XXI arrondissement of Paris），是法国首都美好生活所必需的一切艺术元素的缩影。因此，与从夏慕尼（Chamonix）到圣莫里茨和科尔蒂纳（Cortina）的竞争者不同，在默热沃，名留青史的是贵族、裁缝和建筑师，而不是高山导游或传奇滑雪冠军。首先要提到的是诺埃米·德·罗斯柴尔德男爵夫人（Baroness Noémie de Rothschild），她于1926年来到这片香槟杯形状的山谷，希望为上流社会旅游业缔造首个私密滑雪度假区。另一位是亨利·雅克·勒·梅姆（Henry Jacques Le Même），他在获得建筑学位后，以萨瓦（Savoie）农舍为原型建造了第一栋度假屋。通过加宽窗户、加建阳台、扩大房间，并将马厩改造成存放滑雪板和滑雪靴的储藏室，打造出了典型的高山休闲小木屋。在即将完工之际，当地的一位裁缝阿曼德·阿拉德（Armand Allard）制作了第一条滑雪专用裤，并在随后完全制成了紧身裤的样式，在脚踝处收紧的设计，引领了滑雪服优雅流线型的新风格。

接下来的历史已经人尽皆知。到了1950年，仅仅是“罗斯柴尔德夫人款”的豪华小木屋就已多达100间，且至少有30个精品店成为时尚滑雪装备的标杆。从那时起，该地各方面的发展都到达巅峰。1963年，这里成为由奥黛丽·赫本（Audrey Hepburn）和加里·格兰特（Cary Grant）主演的经典影片《谜中谜》（*Charade*）的取景地，标志着好莱坞的魅力降临默热沃。如今，默热沃拥有90余家美食餐厅，多家米其林餐厅，并可为游客奉上除滑雪之外的多种活动，包括在能够将美景尽收眼底的高尔夫球场上打雪上高尔夫，以及乘坐热气球进行浪漫的探险。最重要的是，默热沃已经拥有一系列高级山间住宿场所，其中最忠实于传统风格的是玛丽菲尔姆酒店（Les Fermes de Marie），它由8幢萨瓦小屋经过巧妙整修而成。羊圈被改造成豪华泳池，谷仓变为默热沃最知名的餐厅，每间客房都散发出豪华高山度假屋的独有魅力，可以在此享受炽热的壁炉与爱带来的温暖夜晚。

P130 人们无法不为完美的萨瓦式玛丽菲尔姆酒店着迷，木质外墙、永不熄灭的壁炉、传统装饰和温暖的色调，是浪漫豪华高山度假酒店的典范。

P131（上） 经过一天的滑雪后，玛丽菲尔姆酒店会为客人提供茶点和自制蛋糕。你可以在水疗中心享受身心的完全放松，或是游泳后的精神焕发，同时欣赏附近村庄和滑雪场的震撼美景。

P131（下） 将萨瓦式农舍的羊圈、马厩和谷仓进行富有创意的改造，形成了如今独具特色的玛丽菲尔姆酒店。

科尔蒂纳丹佩佐 / *Cortina d'Ampezzo*

意大利

“它们洁白如雪，即可夺目如日，又可灰暗如云，还有粉嫩如玫瑰，黑如焦木，红如血……然而，从谷底望去又是怎样的颜色？白？黄？灰？还是珍珠色？是灰烬吗？透出一丝银色？还是尸体的苍白？是玫瑰粉吗？是岩石还是云朵？是真实还是梦境？”20世纪伟大的意大利文学家迪诺·布扎蒂（Dino Buzzati）在看到白云石山（Dolomites）千变万化的难忘盛景时，写出了上面这段话。上世纪另一位伟大的建筑师勒·柯布西耶（Le Corbusier）说，白云石山是“世界上最美丽的建筑杰作”。

因其无与伦比的独特美景，联合国教科文组织于2010年将其列入《世界遗产名录》。不可否认，不论是白云石山脉，还是每一座山峰、峡谷和村庄，都拥有醉人的绮丽风光。因此，每个人都会对群山掩映中的某处风景怀有刻骨铭心的记忆。白云石山更为美丽的季节是冬季还是夏季？这同样是因个人爱好、感受而异的问题。

然而，有种种原因，科尔蒂纳丹佩佐一年四季都是当之无愧的“白云石山皇后”。在这里，连接博尔扎诺（Bolzano）和科尔蒂纳丹佩佐的白云石山大道（Dolomites Road）于1909年开通；1956年，第七届冬季奥运会在这里举办，这也是冬奥会首次在白云石山上举办。这里众峰环绕，托凡纳山（Tofane）、克里斯塔罗山（Monte Cristallo）、法洛里亚山（Faloria）、五塔峰（Cinque Torri）、贝克德梅佐蒂山（Becco di Mezzodì）、索拉比斯（Sorapiss）和克罗达拉戈山（Croda da Lago），呈现出高海拔模式的“甜蜜生活”（Dolce Vita），将运动激情、世俗时尚与典型的意大利式热情相结合。克里斯塔罗酒店（Hotel Cristallo）是阿尔卑斯的首座五星级豪华酒店，在这里诞生了许多著名的爱情故事，并成为由彼得·塞勒斯（Peter Sellers）主演的《粉红豹》（*The Pink Panther*）系列中首部电影的取景地。城中的各式精品店、

P132 1901年开业的阿尔卑斯首座五星级豪华酒店克里斯塔罗酒店（Hotel Cristallo）内的游泳池。

P133 科尔蒂纳丹佩佐的标志是圣菲利普和圣詹姆斯大教堂（Basilica of St. Philip and St. James）的钟楼，建于19世纪，坐落在这座美丽城镇的中心。对于希望在壮丽的白云山上举行一场山间婚礼的情侣来说，这座教堂是最受欢迎的婚礼殿堂。

餐厅和娱乐场所，会令许多欧洲首都城市自愧不如。这里还有鬼斧神工的自然奇观拉瓦莱多三峰山（Tre Cime di Lavaredo），欧洲著名的滑降滑雪和越野滑雪场。

科尔蒂纳丹佩佐的城徽中，天蓝背景下耸立着一座塔，两棵枞树分立两旁，下方一条镀金丝带上用拉丁语写着“我俭省节约，安然入眠”（Modo vivo ac tuta quiesco）。科尔蒂纳丹佩佐不仅是“白云石山皇后”，更是意大利国土上一片奇绝壮美却又充满诱惑魅力的土地。

P134—135 高山旅游的圣地白云石山。其最具辨识度和被拍摄最多的山峰无疑是拉瓦莱多三峰山，也是威内托大区（Veneto）的安佩扎诺（Ampezzano）和阿托阿迪区（Alto Adige）的普斯特拉亚山谷（Val Pusteria）之间的界山，因而也被称为“多洛米亚的三根手指”（three fingers of Dolomia）。每当夕阳斜照，三座山峰便会发出耀眼的光彩。

P135 白云石山东部最雄伟壮观的托凡纳山，有着无数著名的滑雪道，建有完善装备的登山路线及登山步道。

威尼斯 / *Venice*

意大利

诱惑是什么？你喜欢去诱惑还是被诱惑呢？如果你来到威尼斯，受到的诱惑最有可能是最后一种。你会放任自己沉浸在城市纯粹的美丽中，因为这里是永恒的爱情与情爱之都。“爱情使我活着，只是为了让我再次死去……带走我的灵魂，把你的留给我。”风流王子贾科莫·卡萨诺瓦（Giacomo Casanova）曾这样写道。他本人也承认，他曾一次又一次地坠入无望的爱河，尽管有时只能持续短短一天。

所以，你是已经坠入爱河，还是满怀期待？时光易逝，不可辜负，快来威尼斯度假吧！为了确保更完美的体验，建议选择在秋天前往。这座独特的城市在秋季最为浪漫、敏感、颓废、脆弱而转瞬即逝，而且，秋季也可以说是游客最少的时节。此时不用担心浓雾从泻湖中升起，或是可能发生的洪水泛滥。无论如何，一定要像个游客一样体验威尼斯贡多拉（gondola）船之旅，顺着大运河（Grand Canal）欣赏沿岸壮丽的建筑宫殿，穿过里亚尔托桥（Rialto Bridge），在河道中游弋，也要在圣马可广场（St. Mark′s Square）的福里安花神咖啡厅（Caffé Florian）品尝一杯咖啡。那里历来便是威尼斯浪漫约会的优雅场所。在这座城市，真正需要决定的事情是究竟去哪些地方参观，因为除了伟大的建筑，这里的教堂、博物馆和贵族宫殿内还藏有数不胜数的艺术杰作。即使是只去参观最著名的景点，例如圣马可大教堂（St. Mark′s Basilica）、奇迹圣母堂（Santa Maria dei Miracoli）、总督宫（Doge′s Palace）、科雷尔博物馆（Museo Correr）和卡多洛金屋（Ca′d′Oro）等，也需要几个月的时间才能全部欣赏。

其实，迷失在威尼斯可谓是最惬意的赏心乐事。这是不可避免的，尤其是当你在拿着地图四处漫步时。总之，你可以任由自己被诱惑，被疯狂的迷宫般的城市小巷和小广场诱惑，被工艺品小店和小酒馆（bacari）诱惑，像卡纳雷吉欧区（Cannaregio）和多尔索杜罗（Dorsoduro）的传统小餐馆，是威尼斯人灵魂的真正所在。另一项必需完成的项目是乘着水上巴士或小船，到泻湖中的各岛逛一逛。穆拉诺岛（Murano）是吹制

P136—137　毫无疑问，在横跨大运河的4座桥中，最著名的是里亚尔托桥。而最受欢迎的威尼斯教堂是圣马可教堂，它有着拜占庭风格的穹顶，雄伟的钟楼耸立在圣马可广场上。

玻璃之都；布拉诺岛（Burano）是蕾丝的故乡；朱代卡岛（Giudecca）上坐落着伟大建筑师帕拉迪奥（Palladio）设计的救世主教堂（Church of il Redentore）；“乡野”的托尔切洛岛（Torcello）以及空灵的圣拉扎岛（San Lazzaro degli Armeni）上，有神秘的修道院雄踞其中。

至于酒店，威尼斯有各种诱人的小屋和能够尽览美景的房间。其中，斯基亚沃尼滨河大街（Riva degli Schiavoni）上历史悠久的达涅利酒店（Danieli Hotel），是“魅力诱惑的最尊贵的威尼斯共和国”的缩影。繁复堆叠的拜占庭式天鹅绒和镀金装饰，见证了无数伟大爱情故事的开始。只需要一个例子就可以证明这一点：阿尔弗雷德·德·缪塞（Alfred de Musset）与乔治·桑（George Sand），这两位均是19世纪浪漫主义文学的代表人物。当年，23岁的缪塞在达涅利酒店给将近30岁的乔治·桑写了一封情书，点燃了两人之间热烈的爱情之火。他写道：“亲爱的乔治，我要告诉你一件愚蠢可笑的事，我爱你。”

P138（上） 斯基亚沃尼滨河大街上的达涅利酒店前停泊着的贡多拉船，航行于圣马可的整片水域。贡多拉之名来源于来自达尔马提亚（Dalmatia）的商人，那里在威尼斯共和国时期被称为史基亚佛尼（Schiavonia）。

P138（下） 达涅利酒店的露台餐厅中，晚餐已经准备就绪。从这里你可以看到以往威尼斯贵族看到的美景，他们曾经见证了从远东满载而归的货船在这里停泊。

P139（上） 达涅利酒店中最古老的部分是丹多洛宫（Palazzo Dandolo），由威尼斯贵族恩里科·丹多洛（Enrico Dandolo）家族于14世纪委托建造，宫中有装潢精美的大厅和楼梯。恩里科参与了对君士坦丁堡（Constantinople）的洗劫，并带回了令人叹为观止的黄金、大理石和拜占庭式工艺品。

P139（下） 我们无法计算曾有多少爱情故事在迷人的达涅利酒店开始或落幕，但是最著名的无疑是乔治·桑与阿尔弗雷德·德·缪塞的爱情，他们曾住在10号房间。

维罗纳 / Verona

意大利

如今的情侣们热衷于用手机互传爱意，而维罗纳的一位少女却每年会收到至少4千封真挚的信件。她就是朱丽叶·德·凯普莱特（Giulietta de' Capuleti，或Juliet），世间最凄美的爱情悲剧的女主角。尽管她是威廉·莎士比亚（William Shakespeare）笔下虚构的人物（莎士比亚从未去过维罗纳），朱丽叶却在这座美丽的城市获得了永生，而这里也因此成为轰动世界的旅游胜地。老城中心的卡佩罗路（Via Cappello）上坐落着所谓的“朱丽叶的故居”，是全世界浪漫情侣的朝圣之地。据说，如果你抚摸过庭院中朱丽叶雕像的右胸，你就会幸运地坠入爱河。每个人都愿意在这里著名的阳台上拍照留念，尽管这是为了制造出“更真实”的场景而在后期搭建的（这栋房子始建于14世纪）。而朱丽叶之墓就在曾经的卡普钦修道院（Capuchin convent）地下，不过石棺已经脱落，因为几个世纪以来，游客们一直在剥落石棺碎片作为纪念。甚至，拿破仑一世为皇后，奥地利的玛利亚·路易斯（Marie Louise）将其中一些碎片镶嵌在了珠宝首饰上。每天，人们都会在陵墓前敬奉上鲜花和情书。这里同时还是备受欢迎的婚礼殿堂。并且，在维罗纳有一群志愿者承担起了以各种语言回复所有信件的责任，署名都是“朱丽叶的秘书”。

即使将莎士比亚的影响抛到一边，维罗纳也依然是当之无愧的爱情之城。浪漫的维罗纳古城处于阿迪杰河（Adige River）的河湾中，百草广场（Piazza delleErbe）和但丁广场（Piazza Dante）仿佛特意为情人约会而建造。历史建筑瑰宝中，阿雷纳圆形大剧场（Arena）是意大利最令人叹为观止的罗马式圆形剧场，著名的室外歌剧节便在此举行，吸引全世界的音乐爱好者纷至沓来。还有中世纪的老城堡（Castelvecchio），曾是维罗纳城主斯卡里杰利（Scaligeri）家族的执政厅。一座美丽的桥从城堡中延伸出来，横跨在河上。莎士比亚曾写道，“在维罗纳城以外，没有别的世界”。与之相左，城外却是一派迷人的风景，谱写出一曲对美好生活的颂歌。你只需要出城走上几千米，就可以欣赏到美丽的加尔达湖（Lake Garda），或是宜人的瓦尔波利切拉（Valpolicella）丘陵地区，这里散布着许多葡萄园和文艺复兴时期、巴洛克风格和新古典主义的别墅庄园，有些已经被改造

P140　维罗纳的马尔切西内（Malcesine）小镇横卧在加尔达湖边。阳光照耀下的小镇在群山的映衬下成为一片如画风景的焦点。

P141　莎士比亚写道，“在维罗纳城以外，没有别的世界”。坐落在阿迪杰河湾处的维罗纳古城历史中心就是一座宝库。除了美景，最著名的就是朱丽叶故居，全世界的情侣们都愿意来到朱丽叶的阳台下吟诵永恒爱情的誓言。

为著名的酿酒厂或时尚酒店。其中有阿米斯塔庄园（Villa Amistà），即如今的比布鲁斯艺术酒店（Byblos Art Hotel）。酒店内，18世纪的建筑、壁画，以及优雅的意大利式花园、丰富的当代艺术收藏和谐交融，包括当代艺术家玛丽娜·阿布拉莫维奇（Marina Abramovich）、让-米切尔·巴斯奎特（Jean-Michel Basquiat）、达明安·赫斯特（Damien Hirst）、安尼施·卡普尔（Anish Kapoor）、索尔·勒维特（Sol LeWitt）、皮耶罗·曼佐尼（Piero Manzoni）等的作品。还有罗伯特·印第安纳（Robert Indiana），其标志性雕塑作品“爱”（LOVE）曾在这里展出。

P142（上） 乐巧多（Recioto）和阿玛若尼（Amarone）是两种闻名世界的葡萄酒，均产于维罗纳附近充满自然与文化底蕴的瓦尔波利切拉地区。该地也因其古老的别墅庄园而闻名，有些已被改造为酿酒厂。

P142（下） 内格拉尔（Negrar）的圭列里·里扎尔迪酒庄（Villa Guerrieri-Rizzardi）内精致的花园。这座享誉全球的酒庄位于瓦尔波利切拉地区，已有300余年的历史。

P143 优雅的阿米斯塔庄园内环绕着意大利式园林，如今已成为比布鲁斯艺术酒店，位于瓦尔波利切拉地区。酒店内部展示的当代艺术收藏与四周环境协调融合，形成了自己独特的风格。

波托菲诺 / *Portofino*

意大利

P144　对于波托菲诺的居民和来此游玩的国际富豪们来说，小镇的特色小广场就是世界的中心。名流显贵最喜爱的是斯普兰迪多贝尔蒙德酒店（Belmond Hotel Splendido），它位于一处修整后的修道院中。其内部还有一处美丽的花园，悠久而茂盛的植被，如瀑布般蔓延倾泻而下直到海面。

P145　松树和栗树丛生的波托菲诺地形呈圆形，其区域自然保护区沿海岸线延伸，长达13千米。

波托菲诺是一个迷人的小港口。1889年乘船至此的伟大文学家居伊·德·莫泊桑（Guy de Maupassant）描述道，“一座新月形的小村庄，沿着平静的海湾延伸……来到这片海湾，我感到前所未有的震撼”，他还写道，“我们走向圆形剧场般的房屋，四周是葱郁的绿色，凉爽的森林，都映照在静水之上，有三两船只仿佛已酣然入眠……”如果今天这位《漂亮朋友》（*Bel-Ami*）的作者再次在夏季来到波托菲诺，他会更加震惊于这里的景象：鳞次栉比的豪华游艇桅杆形成一片白色森林，争抢着利古里亚区（Liguria）最受欢迎的海湾中的每一寸空间。

古罗马时期，这里曾被命名为“海豚湾”（Portus Delphini），至今海豚仍在已属于国家公园的水域中跳跃舞蹈。在上流社会中，波托菲诺的富有与知名度早在上述法国作家表现出雀跃之情以前就已相当可观。1845年，热那亚（Genoa）的英国领事就已经从撒丁王国（Kingdom of Sardinia）购买了波托菲诺，并将其当作夏季避暑行宫。许多欧洲贵族追随其后，在这里建造了宏伟的庄园。到了后期，很多游客选择住在斯普兰迪多贝尔蒙德酒店，那是一座修缮后的古老修道院。对于想要探索波托菲诺（和利古里亚海岸的其他瑰宝）的人们来说，贝尔蒙德斯普兰迪多酒店是不容错过的一站。陡峭的山坡上有一座花园，种满繁茂的九重葛、棕榈树和百年橄榄树，可以看出，这片地区早在很久以前就实现了人与自然的和谐共处。你还可以入住著名小广场中的贝尔蒙德马雷酒店（Belmond Splendido Mare）。

在波托菲诺的海岸你可以安排很多精彩的行程与活动。可以乘坐小船来到圣弗罗托索（San Fruttuoso），一片得名于此地的本笃会修道院的小海湾。修道院的穹顶有如神迹般从地中海沿岸的灌木丛中升起。再往前走就是五渔村（Cinque Terre），蒙特罗索（Monterosso）、韦尔纳扎（Vernazza）、科尔尼利亚（Corniglia）、马纳罗拉（Manarola）和里奥马吉雷（Riomaggiore）五个多彩旖旎的如画村庄从悬崖上拔地而起，仿佛在挑战万有引力的定律。村中遍布葡萄园和橄榄树的梯田，间或露出森林和可爱的白卵石湾。五村之间以一条世界闻名的绝美海边栈道相连。要走完五渔村需要最佳的身体状态，不过在马纳罗拉和里奥马吉雷之间还有一条小栈道，几乎每个人都可以轻松漫步。长约1000米的步道在海上曲折绵延，四周的景色唯有浪漫可以形容。事实上，这条路的名字正是“爱之路”（Via dell'Amore）。

P146 马纳罗拉矗立在陡峭悬崖上，与里奥马吉雷以一条小栈道相连。翻越峭壁怪石，可以从栈道上一览壮美奇观。这条路也被称作“爱之路”。

P147（上） 多利亚城堡（Castle of the Doria）昂然伫立在韦尔纳扎海岬上，这是五渔村中知名度排名第二的村落。

P147（下） 蒙特罗索的海岸上，圣弗朗西斯（St. Francis）的雕像爱抚着他忠实的德国牧羊犬，仿佛为五渔村动人的美景心醉神迷。

蔚蓝海岸 / *Côte d'Azur*

法国

从热那亚到马赛（Marseilles）的绵长海岸线，尤其是在芒通（Menton）和圣拉斐尔（St Raphaël）之间，被法国作家和诗人斯蒂芬·利埃雅尔（Stephen Liégeard）于1887年命名为“蔚蓝海岸”。利埃雅尔胸怀宽广，博学多才，但他无论如何也无法想象，他的一句比喻不仅成为了地理名词，更在某种意义上成为了一种标志，被全世界认可和使用。确实，蔚蓝海岸的名称由来就是源于它的美丽，值得大书特书的美丽。

蔚蓝海岸的光芒举世无双，海的色彩与花的芬芳也同样奔放。每一处角落，都有自己的故事和魅力，从带着某种媚俗奢侈的蒙特卡洛（Monte Carlo），到昂蒂布（Antibes）和“百万富翁私密半岛”费拉角（Cap Ferrat），从富丽典雅的尼斯（Nice）再到戛纳（Cannes）和闪耀时尚的圣特罗佩（Saint-Tropez）。这些城市都是蔚蓝海岸著名的珍宝，而此外还有无数盛景等待游客发掘。周边有一系列令人难忘的小村镇坐落在嶙峋的岩石峭壁上，各式建筑与浪漫葱翠的景致和谐相融。这些村庄像蜂蜜般吸引着众多艺术家，每一位都留下了自己的印迹，这绝非巧合。上卡涅（Haut-de-Cagnes）位于尼斯附近的山丘上，画家奥古斯特·雷诺阿（Auguste Renoir）曾在此栖居，其故居如今已成为一座博物馆。在比奥（Biot），边缘长着九重葛的楼梯成为费尔南德·莱热（Fernand Léger）的灵感来源，留下了一幅巨大而光彩夺目的马赛克作品。摩纳哥（Monaco）的“鹰巢”埃兹（Èze）小镇，有座房屋的外墙上装饰着哲学家尼采（Nietzsche）的箴言，他在这里完成了《查拉图斯特拉如是说》（*Thus Spake Zarathustra*）的部分创作。而旺斯镇（Vence）有著名的玫瑰礼拜堂（Chapelle du Rosaire），其更为人知的名称是“马蒂斯礼拜堂”（Matisse Chapel），因由伟大的艺术家

P148—149 传奇的拉克罗贝奥尔酒店（La Colombe d'Or）中，宾客在游泳池边享受着日光浴，一边欣赏亚历山大·考尔德（Alexander Calder）的大型雕塑。酒店位于圣保罗-德旺斯（St -Paul-de-Vence）一座迷人的山间小镇中，是毕加索和马蒂斯等伟大艺术家的钟爱之地。

亨利·马蒂斯（Henri Matisse）设计建造，这座礼拜堂是艺术家临终的杰作，被赋予了极富当地生机与活力的典型色彩。

几千米外，就是最著名的圣保罗-德旺斯镇。洋溢着艺术氛围的小镇有百余座画廊，其中最负盛名的是由小旅馆改造而成的“传奇酒店”拉克罗贝奥尔酒店，几十年来一直属于鲁氏家族（Roux Family）。其先辈颇具远见卓识，让客人用艺术品付账，最终，这座建在一系列阶梯之上、掩映于花海之中的酒店内，每个房间都饰有伟大艺术家的作品，如毕加索、夏加尔、米罗（Miró）、杜布菲（Dubuffet）、苏丁（Soutine）、莫迪利亚尼（Modigliani）和考尔德等艺术家的绘画、素描、拼贴、雕塑、摄影及纪念品。

P150 戛纳老港（Vieux Port）是蔚蓝海岸永恒的神话。距此不远便是花卉市场（Marché aux Fleurs）和著名的十字大道（Croisette Promenade）。

P151（上） 弗朗西斯·斯科特·菲茨杰拉德（Francis Scott Fitzgerald）将著名小说《夜色温柔》（*Tender Is the Night*）的场景设置在昂蒂布并非偶然。这座位于同名海角的美妙小镇中，坐落着四角星形的卡雷堡（Fort Carré），在那里可以将四周的美景尽收眼底。

P151（下） 落日余晖为圣特罗佩蒙上了一层温暖的色调。每年5—9月，各界名流纷纷汇聚于此，豪华游艇鳞次栉比，还有大批摄影记者也蜂拥而至。

托斯卡纳群山 / *The Tuscan Hills*

意大利

P152 布鲁内列斯基（Brunelleschi）设计的圣母百花大教堂（Basilica di Santa Maria del Fiore），壮丽的穹顶俯瞰着佛罗伦萨（Florence）的动人美景。

P152（下）/ 153 也许欣赏托斯卡纳（Tuscany）非凡盛景的最佳角度就是从空中俯瞰，观看锡耶纳（Siena）独特的贝壳形坎波广场（Piazza del Campo），那里也是帕里奥（Palio）赛马节的场地，还可以观赏同样奇妙的"中世纪的曼哈顿"圣吉米那诺（San Gimignano）中耸立的塔楼。

瑞莱斯苏弗拉酒店（Relais La Suvera）的教皇套房中缀满紫色和黄色天鹅绒，并配有一张文艺复兴式足以容纳4人的大床。拿破仑套房装饰有100件皇帝半身像和小雕像，而马约利卡套房则展示了日本皇后赠送给首任热那亚公爵（Duke of Genoa）的一件珍贵的婚礼和服。据说，纽约大都会博物馆的馆长愿意不惜一切代价，只为获得这里的装饰陈设。这座锡耶纳附近的中世纪堡垒由教皇尤里乌斯二世（Pope Julius II）于1507年改造为一栋舒适的文艺复兴庄园。作为托斯卡纳排名前十的豪华酒店之一，如今这颗明珠属于马奎斯·里奇（Marquis Ricci）。内有一座受联合国教科文组织保护的博物馆，藏有不计其数的艺术品，此外还有一座美丽的意大利式园林。

一定要住在这样的地方，才能充分体验托斯卡纳的风格。这里的每一寸土地都在绘画中呈现，在歌剧中传唱，或成为小说及电影故事的背景。这是最具意大利风情的地区，有着无与伦比的魅力。从某种程度上来说，托斯卡纳属于每个人，甚至是那些远道而来的游客。秀美的山丘，落日下的山峦，葡萄园和成排的柏树，你正在欣赏的人与自然共同创造的杰作。几个世纪以来，这里的人与自然比世界上其他任何地方都更加亲密无间，共同缔造出了无上之美。就像文艺复兴之都佛罗伦萨数不胜数的宝藏，我们无法全部欣赏，但它们却无法与自然或文化景观相剥离。不论是阿尔诺河（Arno River），还是环绕城市的山丘，亦或是波波里花园（Boboli）和从米开朗基罗广场（Piazzale Michelangelo）向城市延伸的浪漫玫瑰园都有这里的独特魅力。有着著名的坎波广场和教堂的锡耶纳，就像一颗点缀着许多神秘象征的彩色宝石，在其独特的位置俯瞰到的四周的村庄，注定无比独特。

探索佛罗伦萨郊区的最佳方式是骑上山地车，沿着蜿蜒的土路骑行。这种土路是没有受到现代化侵害的遗产，即所谓的“文艺复兴圆环”（Anello del Rinascimento）一个近乎圆形的骑行路线，佛罗伦萨大教堂（Florence Cathedral）的布鲁内莱斯基穹顶就是圆环的中点。从菲耶索莱（Fiesole）出发，穿过乡村到达基安蒂地区（Chianti），可以观赏沿途星罗棋布的教区教堂、城堡和村庄。

P154 葡萄园、橄榄树和柏树掩映间，老屋与似乎正在逐渐消逝的土路。在托斯卡纳群山上，风景成为了一种崇高的艺术。

P155 距离锡耶纳不远的瑞莱斯苏弗拉酒店，是一家环绕着浪漫意式花园的梦幻酒店。其前身是中世纪的堡垒，由教皇尤里乌斯二世于16世纪早期改造为舒适的文艺复兴庄园。

如果能够前往锡耶纳周边地区的话，那里的风景更加迷人。“百塔之城”圣吉米那诺位于基安蒂地区和埃尔萨谷口村（Val d'Elsa）之间，有着令人惊叹的奇观。还有奥尔恰谷（Val d'Orcia），那里有因优质葡萄酒而享誉世界的蒙特布查诺（Montepulciano）和蒙塔尔奇诺（Montalcino），以及浪漫的小村庄巴尼奥维诺尼（Bagno Vignoni）。这里的水疗自伊特鲁里亚人（Etruscans）时期便是所有人的最爱。如果将托斯卡纳的美景与名胜列成清单，恐怕永远都无法写尽。尽管托斯卡纳的群山早已名扬四海，但这片神奇的土地带给你的却是直击内心的悸动。

阿马尔菲海岸 / *The Amalfi Coast*

意大利

P156 在海拔365米的拉韦洛（Ravello），可以俯瞰阿马尔菲海岸的美景。世界各地的文化与艺术名人发现了这里的美并时常光顾。这里每年夏季会举行纪念理查德·瓦格纳（Richard Wagner）的盛大音乐节。

P157 灯光点亮了古老的小镇普莱亚诺（Praiano），普拉亚海滩（Marina di Praia）是其骄傲与欢乐所在。这里也是阿马尔菲海岸唯一一处直至傍晚仍有阳光照耀的海滩。

在1959年，经过一整个夏天的辩论，波西塔诺（Positano）小镇的人们一致认为女性的胸部不论美丑都必须要遮住。那时波西塔诺已经出现了第一件无上装泳衣，尽管是隐藏在悬崖之后，这里将比基尼时尚引入了意大利。当时男人们说，他们的女人正忙着制作上下两片的单薄泳衣，这在女性旅游者之间掀起了一股时尚潮流。同时，她们还将通常用于制作厨房毛巾的麻布做成沙滩袍。这标志着“波西塔诺式风格”的诞生，这种舒适、多彩、别致的顶级时尚，一直未曾过时。一件夏日经典泳装，对于时尚的意义就如同多立克式立柱之于建筑。

这一点对于整个波西塔诺都适用。这座如诗如画的村庄是阿马尔菲海岸最精致而富有活力的地方，也是最靠近那不勒斯（Naples）的小镇。坎帕尼亚区（Campania）的海岸线始终是人们乐于选择度过浪漫假期的目的地，也一直是享乐主义者的天堂。

然而，不得不说，阿马尔菲海岸的美景需要付出代价才能欣赏得到。要想感受那迷人的海湾，遍布葡萄园和柠檬树的崎岖地形，花香（以及油炸食品和番茄酱的香气）弥漫的美丽小镇，乃至慵懒的那不勒斯歌曲，路上长约48千米的蜿蜒小路是每个驾车者的噩梦。而且，当你终于停好车之后，还要面对疯狂的近乎垂直的小镇规划。正如著名作家约翰·斯坦贝克（John Steinbeck）在波西塔诺的《时尚芭莎》（*Harper's Bazaar*）中写道的那样，“你不是走路去看望朋友，而是要么向上攀登，要么向下滑行”。然而一路滑行至大海，或是欣赏阿马尔菲海岸的奇迹——这座拥有光辉悠久海洋历史的宜人小镇，将是一件多么美妙的乐事！更不用说还有福罗瑞（Furore），一座和公寓楼差不多大的传统村庄。再往南走，就会来到切塔拉（Cetara），这里因古罗马人最爱的凤尾鱼酱而著名，搭配意大利面堪称完美。还有滨海维耶特利（Vietri sul Mare），是彩色瓷器的故乡。

最后，我们绕道马约里（Maiori）和米诺里（Minori），沿盘山路一直从龙谷（Valle del Dragone）到达拉韦洛，可以俯瞰一片阿马尔菲海岸的“露台”。其中，鲁菲洛别墅（Villa Rufolo），因融合了古罗马到中世纪的各种建筑风格以及棕榈树、果树和九重葛的花园而被称为“小阿尔罕布拉宫”（minor Alhambra）。每年7—8月，这里还会举办盛大的音乐节。拉韦洛是这片海岸中一处浪漫的度假胜地，从“大游学”（Grand Tour）时期便是如此。歌德（Goethe）、瓦格纳、朱塞

佩·威尔第（Giuseppe Verdi）、安德烈·纪德（André Gide）、D. H. 劳伦斯（D. H. Lawrence）、弗吉尼亚·伍尔芙（Virginia Woolf）、葛丽泰·嘉宝（Greta Garbo）和费德里科·费里尼（Federico Fellini）都曾来到此地，并爱上这里。毋庸赘言，拉韦洛拥有阿马尔菲海岸上最密集的豪华酒店，它们也是蜜月情侣们的最爱。其中，超豪华的卡鲁索贝尔蒙德酒店（Belmond Hotel Caruso）坐落在一栋改造自11世纪的庄园中，独占海天之间一方与众不同的天地。

P158—159 拉韦洛卡鲁索贝尔蒙德酒店的无边泳池是一件当代建筑的杰作，从中可以览尽无边的美景。另一件瑰宝是酒店所在的11世纪建筑，它是弗吉尼亚·沃尔芙、格雷厄姆·格林（Graham Greene）和戈尔·维达尔（Gore Vidal）等作家的最爱。

科尔丘拉 / *Korčula*

克罗地亚

克罗地亚首位总统斯蒂普·梅西奇（Stipe Mesić）在正式访问北京时，赞赏了中国与亚得里亚海（the Adriatic）东海岸一座小岛长达数百年的联系，并将其归功于克罗地亚人马可·波罗（Marco Polo）的光辉探险旅程。这让意大利人十分恼怒。很多人认为《马可·波罗游记》（*The Travels of Marco Polo*）的作者是意大利人，但也确有一些证明马可·波罗于1254年出生于克罗地亚科尔丘拉岛，彼时那里隶属于威尼斯共和国。

在科尔丘拉岛，更准确地说是在以其命名的、可谓袖珍版威尼斯后，迷人小镇有类似于威尼斯的氛围和建筑，圣马可大教堂中装饰有提埃波罗（Tiepolo）和丁托列托（Tintoretto）的画作。当地人以马可·波罗为卖点来吸引游客，马可·波罗可能的出生地被改造成了一座充满想象力的博物馆，展示了他的冒险旅程。而在夏季，在老城墙的城门前，每天都有传统剑舞（Moreška）表演，这种古老的战争舞蹈曾用于抵御土耳其人的进攻，当时他们总是觊觎岛上的财富。除此之外，由于雷西迪米特里宫公寓式酒店（Lešić Dimitri Palace）的开业，科尔丘拉还登上了世界100处最浪漫旅行地的名单。酒店曾经是主教的雄伟宫殿，地处中世纪城镇的中心。有6间精致的房间，室内装饰了反映马可·波罗游历丝绸之路（Silk Road）的不同地域的风格。酒店还设有餐厅和高档水疗中心。

即使是在夏季的旅游旺季，这座50千米长、7千米宽的小岛上，仍有许多可以远离拥挤人群的有趣景点。沿着海岸线，有数个白沙滩海湾，包括名不虚传的鲁巴达（Lumbarda），以及多处延伸至碧海中的岩礁。你也不要错过海边和乡野中的村庄，以及岛屿内陆的葡萄园梯田、松树林和灌木丛层叠交错的风景。

此外，科尔丘拉镇与大陆之间相隔一条宽度

P160—161 在科尔丘拉雷西迪米特里宫公寓式酒店，可以享受露台海景早餐。位于达尔马提亚南部科尔丘拉岛上的同名小镇，因马可·波罗诞生地及其典型的威尼斯风格而闻名。

不足2千米的海峡。而在另一侧，有着历史悠久的海上城镇奥瑞比克（Orebić）一侧，正是亚得里亚海上仅次于伊斯特利亚（Istria）的第二大半岛佩列沙茨（Pelješac）。佩列沙茨仿佛指向大海的一根手指，是徒步旅行者和美食爱好者的天堂。徒步者可以沿着拿破仑统治伊利里亚（Illyria）时期由军队铺设的道路观光，而美食家则可探访美丽的堡垒村庄斯东（Ston），在面朝大海的小旅馆中，享受以当地养殖的牡蛎做成的烛光晚餐。

圣托里尼 / *Santorini*

希腊

P162 伊亚（Oia）是圣托里尼岛上风景如画的小镇，依傍着壮观的火山口。白色石屋（有些是时尚商店及艺术画廊）、教堂的蓝色穹顶、狭长的台阶与弥漫的花香，一切都完美地融为一体。一定不要错过地中海最著名的“如火的日落”。

P163 奥秘酒店（Mystique）令人惊叹的无边泳池，如酒店的名字一般预示着一段感官与精神享受并存的超浪漫假期即将开启。

从爱琴海中浮现出的圣托里尼岛，被古人称为“最美丽的地方”（Kallisté）。它如螯钳一般围绕在公元前1560年左右发生的灾难性火山爆发形成的水下火山口四周。考古学家表示，就是这次喷发诞生了传说中的亚特兰蒂斯岛（Atlantis）。而圣托里尼岛，一座有着不可思议风景的神秘岛屿，有300米高的黑色火山岩悬崖及多处彩色沙滩，诸如佩里萨（Perissa）和卡马利（Kamari）的铁灰色沙滩，以及科基尼阿莫斯（Kokkini Ammos）的紫红色沙滩。提拉西亚（Thirasía）、帕利亚卡美尼（Palea Kameni）和纳亚卡美尼（Nea Kameni）是位于火山口附近的小火山岛，至今仍在释放出硫酸蒸气，形成地热温泉。

圣托里尼并不是个舒适的旅游地。和1000年前一样，需要骑驴才能到达海滩，因为只有这种顽强的动物（在这里受到高度重视，甚至享有特殊地位），才能自如穿梭岛上蜿蜒起伏、令人头晕目眩的小径。坚持穿高跟鞋的女性要承担一定风险，因为像锡拉（Thira）和伊亚这种垂直布局的小镇，楼梯和台阶如同迷宫般曲折繁复，仿佛是对万有引力定律的挑战。简而言之，在这里，你需要足够的耐力和耐热性，因为圣托里尼的夏天可谓热得无情。你最好是一个浪漫的沉思者，因为圣托里尼最震撼人心的美，出现在太阳西沉至火山口时，火红的落日映衬着摄人心魄的诗意风景，还闪现着淡淡的橘色和紫罗兰色。在盎格鲁-希腊语中，有“Sunsetarides”一词，专门用来形容每天下午斥巨资在能够俯瞰火山口的咖啡厅露台预订第一排最佳观景位置的游客。但正是由于这里的日落晚霞、白色房屋与天蓝穹顶教堂，使圣托里尼成为世界驰名的浪漫岛屿，也是情侣挚爱的蜜月与婚礼胜地。每年5—10月，这里会举行4000场婚礼庆典。甚至每家当地酒店都有自己的婚礼策划机构，为情侣们组织宗教或非宗教仪式，在海边、在俯瞰蔚蓝爱琴海的露台、或是其他特殊的地点，如考古遗址阿克罗蒂里（Akrotiri）岩石上建造的葡萄园、庞贝古城（Pompeii），以及圣托里尼岛的制高点皮尔戈斯小镇（Pyrgos）附近的普诺菲提斯山修道院（Monastery of Profitis Ilias），天气晴朗时从那里可以看到遥远的克里特岛（Crete）。在营造梦幻氛围的角逐中，每家酒店都使出浑身解数，为情侣奉上芬芳的花园、休闲水疗馆、地中海风情与超现代设计完美结合的白色套房，以及仿佛镶嵌于海天之间的精致阳台。我们最喜爱的度假酒店在伊亚镇，就连它的名字“奥秘酒店”，都透露出极致浪漫的味道。你可以选择“活力”“诱惑”与“灵性”套房，并可在“光环酒吧”（Aura Bar）专享落日的辉煌盛景。夜晚，可以在“魅力餐厅”（Charisma）品味星空下的晚餐，或在凉爽的“秘密酒窖”（Secret）拱顶下，享受烛光与玫瑰环绕的浪漫晚餐。

安达卢西亚 / *Andalusia*

西班牙

P164（上） 作为摩尔复兴式建筑（Moorish Revival architecture），塞维利亚（Seville）富丽堂皇的半圆形西班牙广场（Plaza de España）象征着殖民国与美洲殖民地之间的强烈纽带。

P164（下） 阿方索十三世酒店（Hotel Alfonso XIII）的宏伟大门，于1929年塞维利亚举行“伊比利亚-美洲博览会”（Ibero-American Exposition）之际开业。

P165 格拉纳达（Granada）的阿尔罕布拉宫（Alhambra）最为壮观的桃金娘中庭（Patio de los Arrayanes），得名于环绕水池的桃金娘灌木丛。宫殿坐落于内华达山脉（Sierra Nevada Mountains）映衬下的山丘之上，是摩尔-安达卢西亚式艺术与建筑的杰作。

说到安达卢西亚，不得不提卡门（Carmen）和唐璜（Don Juan）。卡门象征奔放的感性，这位狂野的吉普赛女神，是女性永恒魅力的化身。唐璜是风流才子，据传曾经“征服”了1003位西班牙女性，以及几百位欧洲其他地区的女性。他是证明爱神（Eros）是华丽谎言的完美典型。卡门是作家梅里美（Mérimée）笔下的人物形象，由乔治·比才（Georges Bizet）创作了歌剧，唐璜则因莫扎特（Mozart）的歌剧而不朽。两人都诞生于安达卢西亚，这绝非巧合。这片土地似乎被强烈的情感赋予了无限生机。此外，“安达卢西亚的产物”还包括激情四射的弗拉门戈（flamenco）舞蹈，《血与沙》（*sangre y arena*）中以优雅而残酷的屠戮令观者群情激昂的斗牛士，以及西班牙天主教最热烈、最富激情的“圣周”（Semana Santa）。

在1492年基督教徒“收复”此地之前，摩尔人（Moors）统治了安达卢西亚长达几个世纪，并称之为安达卢斯岛（Jezira al-Andalus）。尽管摩尔人中不乏伟大的数学家和天文学家，但他们却能使科学与魔法和谐共处。从某种角度来说，是他们奠定了这片地域的命运。时至今日，安达卢西亚依然像是“一座岛”，尽管位于大陆上，但似乎既不属于欧洲，也不属于非洲，而是自成一格，拥有遥远土地上的一切迷人诱惑、慵懒闲适与甜蜜快乐。

安达卢西亚值得一提的景点可谓不胜枚举。格拉纳达的阿尔罕布拉宫是伊斯兰艺术的一颗璀璨明珠，其精巧的石雕在内华达山脉的白色映衬下，显得格外夺目。追寻着科尔多瓦（Cordoba）历史中心区街道两旁甜橙树的香气来到大清真寺（Mezquita），其中还有一座华美的巴洛克式教堂，与伊斯兰建筑空灵的几何图案风格形成强烈对比。安达卢西亚还拥有在阳光海岸（Costa de la Luz）和赫雷斯-德拉弗龙特拉（Jerez de la Frontera）的广袤无垠与鲜亮色彩。赫雷斯-德拉弗龙特拉有最狂野的马和最令人迷醉的雪利酒。横穿安达卢西亚的瓜达尔基维尔河（Guadalquivir）山谷中集聚的白色村庄，就可逐渐揭开其神秘的面纱。安达卢西亚是一片遍布酒馆与酒窖的乐土，其间还点缀着伊斯兰建筑师设计的使情侣更亲近的浪漫鲜花庭院，真可谓人间天堂。

然而，安达卢西亚魅力与激情的中心在塞维利亚，即位于欧洲最南端、最具异域风情的大都市。这里有令人惊叹的伊斯兰与基督教建筑，有无处不在的馥郁花香，是诞生爱情故事的完美情景。要充分体验塞维利亚的热情，就一定要放纵自己在阿方索十三世酒店的浪漫房间中住上一晚。这家酒店于1929年开业，是欧洲最具异国情调的豪华酒店。虽因致敬当时在位的西班牙国王而得名，其魅力之源却在于卡门与唐璜。

杜罗河谷 / *The Douro Valley*

葡萄牙

P166 马特乌斯城堡（Casa Mateus）的外墙细节。这座葡萄牙最具代表性的巴洛克式建筑，由意大利建筑师尼古拉·纳索尼（Nicola Nasoni）设计，于18世纪上半叶建造，坐落在杜罗河谷的明珠雷亚尔城（Vila Real）之中。杜罗河谷还有众多生产优质波特酒（Port）的老酿酒厂。

P167 波尔图市（Porto）最美丽的里贝拉（Ribeira）广场。一座由古斯塔夫·埃菲尔（Gustave Eiffel）的学生设计的大桥横跨杜罗河，将波尔图与加亚新城（Vila Nova de Gaia）连接起来。

于1886年开通的路易斯一世桥（Dom Luís Bridge），由古斯塔夫·埃菲尔的学生设计建造，曾经是最长的拱形铁桥。如今，尽管它已不再持有这项纪录，但这座横跨杜罗河连接波尔图城和加亚新城的“横卧的埃菲尔铁塔”，仍然是典雅的工程学杰作。的确，作为通往著名的波特酒之乡杜罗河谷的门户，没有比这更适合的地方了。葡萄园覆盖面积达2500平方千米，坐落于在岩石中开凿出的梯田之上，有花岗岩峰点缀其间，形成了奇妙的人造乡村景观，并被联合国教科文组织列入《世界遗产名录》。

除了冬季的3个月以及葡萄成熟的9月，杜罗河谷都是一处享乐与浪漫假期的难忘旅行地。开车在四周兜风，探寻全部对外开放并提供品酒服务的酿酒厂，显然是最便利的方式。但是，乘坐17世纪的传统货船，像如今，用于观光游览的雷贝洛船（Barco Rabelo）沿河航行，也是值得尝试的体验。或者，坐上古老的蒸汽火车游览河谷，体会在铁轨上缓缓前行（时速从未超过29千米/小时）的乐趣，穿过26条隧道及30余座桥，欣赏令人叹为观止的风景。如此可以看到葡萄牙最美丽的火车站，从波尔图的圣本笃火车站（São Bento Station），到铺满阿兹勒赫瓷砖画（Azulejo Tile）的雷加（Régua）和皮尼昂（Pinhão）火车站。雷加的杜罗博物馆（Museudo Douro）和拥有马特乌斯城堡的雷亚尔城也值得一去。马特乌斯城堡是葡萄牙最美丽的巴洛克式建筑，意大利式园林和生产著名桃红葡萄酒的酿酒厂环绕四周。而在皮尼昂，一定要去探访那些著名的酒庄，从克罗夫特（Croft）的达·罗达酒庄（Quinta da Roeda），到格兰姆（Graham）的马尔维多斯酒庄（Quinta dos Malvedos）。河谷中还有许多迷人村庄。萨布罗萨（Sabrosa）因著名航海家和探险家斐迪南·麦哲伦（Ferdinand Magellan）于1480年在此诞生而闻名。拉梅古（Lamego）以众多历史遗迹闻名，包括葡萄牙最古老的教堂巴尔塞芒圣佩德罗教堂（Chapel of São Pedro de Balsemão），和矗立山巅的圣母救赎教堂（Sanctuary of Our Lady of the Remedies）。每年9月8日，这座教堂内都会举行一场宏大隆重的朝圣仪式，标志着葡萄收获之季的到来。最后是阿卡布拉（Aquapura）杜罗河谷酒店，一座由19世纪贵族官邸改造而成的梦幻酒店。拥有能够俯瞰杜罗河胜景的游泳池和绝佳的水疗中心，在此还可纵享使用葡萄的特色理疗。

亚速尔群岛 / *The Azores*

葡萄牙

传说中，几乎位于葡萄牙和北美正中间的亚速尔群岛，是神秘大陆亚特兰蒂斯的残留。有一些科学依据支持这一理论。亚速尔群岛由地球上最新生成的陆地构成，仍然清晰地保留着强烈火山活动造成的影响：柔软的黑色沙滩；岩层上惊人的熔岩流；有热活动活跃的小火山口湖；皮库岛（Pico）上雄踞的高达2351米的完美圆锥体火山，是葡萄牙的最高峰，也是徒步旅行的理想地点。

然而，不要认为亚速尔群岛的9座岛屿是有原始人居住的荒凉贫瘠的世界。不过，当地土著居民从17世纪到大约30年前，一直都在从事凶残的捕鲸活动。然而令人惊讶的是，这里的“老水手”（现指引导游客观看亚速尔群岛海域中悠然游弋的鲸鱼的专家导游）的数量比农夫还少。因为富饶的火山土和温和的气候，群岛成为了名副其实的“海上农场”。柑橘园与葡萄园交错排列，耀眼的绿色牧场中有牛群错落其间，俨然一派异域情调的瑞士乡村图景。群岛中的每座岛屿都有自己的独特风情。圣米格尔岛（São Miguel）是最大且最“国际化”的岛屿，也是首府蓬塔德尔加达（Ponta Delgada）的所在地。法亚尔岛（Faial）是横渡大西洋时必须停留的一站，也是最具海洋风情的岛屿。圣玛利亚岛（Santa Maria）呈现出甜蜜的地中海特色，格拉西奥萨（Graciosa）以葡萄园和风车闻名，特赛拉（Terceira）拥有深厚的历史积淀，建于15世纪的安格拉镇（Angra）遍布阿兹勒赫瓷砖画装饰的精美建筑。皮库、圣乔治（São Jorge）和科尔武（Corvo）诸岛风景秀美，山峦叠嶂，与直插碧海之中的陡峭悬崖相得益彰。最浪漫的岛屿当然是欧洲最西端的弗洛雷斯（Flores），其名意为“花朵”，得名于岛上漫山遍野的绣球花。尽管在整个群岛中并不少见，但是这里的绣球花尤其高大，轻柔地生

P168—169 弗洛雷斯岛位于亚速尔群岛最西端，同时也是欧洲的最西端，将美丽海滩、幽深峡谷、嶙峋山峰与温泉瀑布完美结合。其中最为壮观的是靠近弗加辛亚镇（Fajãzinha）的大里贝拉（Ribeira Grande）瀑布群，由至少20条瀑布组成，有些直接汇入大海之中。

长于每一座村庄，排列在每一条乡间小路上，包括通往夸达阿德伊亚酒店（Aldeia da Cuada）的路上。这座古老的建筑由黑色岩石建成，如今已成为群岛上最迷人的乡间度假胜地。在葱翠的乡间漫步，在大海或湛蓝的火山泻湖中游泳，这蓝与绿的色彩相映成趣，交织出绚烂的假日时光，以及在“（旧）世界的终结”的梦幻意境中度过难忘的夜晚。

P170—171 弗洛雷斯这一地名来源于山野中无边无际的花海。巨大的蓝色或粉色绣球花丛在牧场、葡萄园和麦田中随处可见。

P171 夸达阿德伊亚酒店坐落在弗洛雷斯的一处葱翠山谷中，是亚速尔群岛上最令人叹为观止的假日农庄度假酒店。

马拉喀什 / *Marrakech*

摩洛哥

P172（上）和173 夜幕下的贾马夫纳广场（Jemaa-el-Fnaa Square）是一处壮丽的奇观，古往今来这一点从来未曾改变。到处是售卖食物、橙汁和各式器皿的小摊贩，耍蛇者、舞者、魔术师、说书人和算命师比比皆是。从咖啡厅的露台可以将所有情景一览无余，不过最好还是亲身融入到这片丰富多彩的热门场景中。

P172（下） 花草、无花果树和夹竹桃散发出醉人的芬芳，伴着潺潺泉水在花园中飘扬，为奇幻的卡萨查巴豪华酒店（Ksar Char-Bagh）平添了一丝恬淡意境。酒店由一座摩尔宫殿改造而成，四周环绕着棕榈树。

每天清晨的驿站咖啡厅（Café de la Poste）中，人们就最新出炉的八卦高谈阔论，不过对于想静静享受一杯薄荷茶或蜜枣蜂蜜糖果的人来说就没那么有趣了。人们满不在乎地谈论着度假者的姓名，轻易地猜测出他们的名人身份。近来，这里的情况就是这样。尽管联合国教科文组织希望将其作为非物质文化遗产保护起来，但马拉喀什的声音已经不再是贾马夫纳广场和市场的说书人讲故事的声音，也不再是埃利亚斯·卡内蒂（Elias Canetti）半个世纪前记录在游记里的街头巷尾的声音。不朽的传奇广场经过整修，想必已经满足于成为摩洛哥最魅惑迷人的“大客厅”中的一颗明星。如今，人们开始蜂拥前往其他地方，在老城区麦地那（Medina）的时尚餐厅里，就像法国时装设计师皮埃尔·巴尔曼（Pierre Balmain）曾经拥有的豪华摩洛哥式传统民居雷亚德（Riad）一样，美食家沉浸于各种花样翻新的摩洛哥新式烹饪。不断发展的当代艺术馆和民族时尚画廊，其数量甚至超过了这片琳琅满目的露天市场中的传统商铺。还有只对外国人开放的享乐主义的土耳其浴室，你可以在这里待上一整个下午，在蒸汽浴和玫瑰浴之间自由转换。毕竟，历史中心区的雷亚德和城外广袤的棕榈林中掩映的村庄要塞（ksour）都已经改造成为多功能的豪华精致的酒店，墙壁上饰有泰德拉克（Tadelakt，从阿拉伯语“爱抚”一词演变而来）瓷砖，整体装饰结合了民族风格与最前卫的设计。其中，不得不提“人间天堂”卡萨查巴酒店，它是世界上知名的时尚酒店。

总之，神秘的“红色之城”（Ville Rouge），是从“真正的摩洛哥”中剥离出来的世界，但同时又最能代表人们对于异域风情的梦幻假期的集体想象。除了本·优素福神学院（Ben Youssef Madrasa）、萨阿德王朝（Saadi dynasty）陵墓和巴迪皇宫（Badi Palace）等历史遗迹，现代观光景点还包括位于新城区（Nouvelle Ville）的马约尔花园（Majorelle Garden），花园内设有伊斯兰艺术博物馆（Islamic Art Museum），多年来一直是伟大的时装设计师伊夫·圣罗兰（Yves Saint-Laurent）的避世之所与灵感源泉。圣罗兰从首位沉醉于马尔喀什的欧洲艺术家雅克·马约尔（Jacques Majorelle）的后人手中购得此馆。20世纪20年代，雅克·马约尔在画布上为马尔喀什的美妙色彩赋予永生，甚至由此创造出了新的颜色，例如他用于描绘当地房屋墙壁的蓝色，在非洲的艳阳下显得格外生动。这是一种真正迷幻的色彩，它在自然界中并不存在，却是最能代表马尔喀什的颜色。这座城市似乎能让所有人的美梦成真，不论是在此度过一生，还是仅仅一个周末的时光。

尼罗河沿岸 / *Along the Nile*

埃及

P174 在尼罗河东岸，巨大恢弘的卢克索神庙（Luxor）是底比斯古城（Thebes）耀眼的瑰宝之一，是祭奉太阳神阿蒙（Amon）的神殿。卢克索神庙从公元前14世纪开始修建，至一个世纪后在法老拉美西斯二世（Pharaoh Ramesses II）统治期间开始大规模扩建。在尼罗河西岸，死亡之城（City of the Dead）和哈特谢普苏特女王（Queen Hatshepsut）陵庙，均属于埃及最雄伟的古迹。

P175 从空中鸟瞰阿斯旺（Aswan）城对面的象岛（Elephantine Island）的壮丽景色。

伟大作家居斯塔夫·福楼拜、侦探小说女王阿加莎·克里斯蒂（Agatha Christie）、探险家阿拉伯的劳伦斯（Lawrence of Arabia）和历史上最著名的护士弗罗伦斯·南丁格尔（Florence Nightingale），他们之间有什么共同点呢？他们都曾乘坐可追溯到埃及法老时代的传统平底帆船达哈比亚（dahabiya），在尼罗河上航行（当然并非一起）。你可能会说，这是美好的旧时代，只通过雕刻和老照片存活在我们的记忆之中。在旅游刚刚兴起之初，在古埃及的宝藏之间壮游还只是少数人的特权。因此，当法国作家、孜孜不倦的环球旅行者皮埃尔·洛蒂（Pierre Loti）在1909年撰写埃及游记时，便开始抱怨现代旅行工具的马达发出的可憎噪音，这在他看来破坏了卢克索“恢弘圣殿”的魅力。不过如今，尽管尼罗河之旅在全球都已相当普遍，却依然是一种伟大的经历，古埃及文明的宏伟遗迹就是旅途中的主角。“观光者们的”卢克索（应当乘坐马车游览，在沿途某个英国政府修建的历史积淀深厚的酒店停下小酌一番），对比埃及新王国时期（公元前1570—1070年）的首都古底比斯的宏伟辉煌，显得黯然失色。一条绝对激动人心的旅行路线，就是沿着卢克索神庙和卡纳克神庙（Karnak）之间排列着斯芬克斯雕像的大道参观“生者之城”。然后跨过河流，来到“死亡之城”，帝王谷（Valley of the King）和王后谷（Valley of the Queens）的陵墓、门农巨像（The Colossi of Memnon）以及哈特谢普苏特神庙（Temple of Hatshepsut）都在这里静静沉睡。

还有一个特别的惊喜，感谢努尔·艾尔·尼尔（Nour el Nil）专属旅游策划公司，我们还可以乘坐19世纪的传统达哈比亚帆船重走“福楼拜之旅”，完成一场梦寐以求的6天5夜浪漫旅程。沿途会经停埃斯纳（Esna），矗立在卢克索以南40千米的宏伟的库努姆神殿（Temple of Khnum）然后到达终点阿斯旺，靠近古努比亚王国（Nubia）的恢弘遗迹。旅程之中，我们不仅可以参观著名的考古遗址，从奈库贝特神庙（Temple of Nekhbet）到供奉着荷鲁斯（Horus）的埃德富神庙（Horus at Edfu），从霍伦海布圣殿（Sanctuary of Horemheb）到建于托勒密王朝（Ptolemaic）的康翁波神庙（Temple of Kom Ombo）。此外还能探访人迹罕至的河边村庄，在棕榈林中享一杯清茶，或是徒步进入通向撒哈拉沙漠（Sahara Desert）的峡谷。

每条达哈比亚帆船最多可以承载20名乘客，每间船舱2人，视野很开阔。置身舱内，就仿佛进入了《一千零一夜》中的世界。船上的甲板很大，游客们可以沐浴在阳光之下，享受细心周到的服务，领略世界上最古老河流的永恒美景。

P176（上） 尼罗河上航行的所有船只中，只有达哈比亚是帆船。因此，乘坐帆船出游最接近于福楼拜和阿拉伯的劳伦斯等人曾领略过的静谧梦幻之旅。

P176（下） 两侧的墙壁及家具被刷成白色，透过巨大的窗户可以欣赏尼罗河的美景。清晨从达哈比亚帆船美妙的客舱中醒来，也是一次难忘的经历。

P177（上） 努尔·艾尔·尼尔公司的达哈比亚帆船中配备的典雅客厅，一切都可谓完美无瑕，妙至毫巅。

P177（下） 乘哈达比亚帆船从卢克索到阿斯旺的休闲6日游中，游客们可以在微风吹拂中享受日光浴，并在尼罗河沿岸的古老神庙、质朴村庄、农田和无边无际的莎草美景中品尝美味晚餐。

塞舌尔群岛 / *Seychelles*

塞舌尔

P178 弗雷加特岛（Frégate Island）上的维克托林海滩（Anse Victorin）是大自然的杰作，多次被评选为世界TOP10美丽的海滩之一。位于马埃岛（Mahé）以东55千米的弗雷加特岛，面积只有不足2平方千米，却有7处无与伦比的海滩，生长着茂盛的塔卡玛卡（takamaka）、腰果和榄仁树森林。这里同时还是大约2000只阿尔达布拉象龟（Aldabra giant tortoise）的栖息地。它们在这里生活得自由安逸，是塞舌尔的标志性动物。

P179 弗雷加特岛拥有17座以花岗岩建成的海边豪华住宅，均面朝海滩，并配有私人游泳池。

海椰子是这里最大的水果，可重达20千克，形似女性性感的臀部。而同时，雄株的花簇又展现出明显的阳刚之气。在克里奥尔人（Creole）的传闻中，海椰树只在暴风雨来袭的夜晚授粉，而果实在10年之后才会成熟。不论你是否相信能够看到“植物交配”的可能，海椰树都是自然界的异类，可以前往伊甸园般的马埃谷地自然保护区（Valléede Mai）中一睹芳容。它们与拉齐奥海滩（Anse Lazio）和乔治特海滩（Anse Georgette）都是塞舌尔群岛第二大岛屿普拉兰岛（Praslin Island）的瑰宝。

整片群岛就是无与伦比的自然奇迹的集合，其内岛与外岛又有所区分。内岛包含43座岛屿，以花岗岩岛为主，最大的3座岛屿是马埃岛、普拉兰岛和拉迪格岛（La Digue），也是人口和旅游设施最集中的地区。外岛共有72座，珊瑚宝石般的小岛点缀在印度洋（Indian Ocean）上，其中13座环绕在世界最大的环礁——阿尔达布拉环礁（Aldabra）四周，形成皇冠一般的形状。尽管这里水生生物的奇特性已经不言自明，陆地上同样是一座活的自然历史博物馆，也是地球上一些非常珍稀的动植物种类的保护区。植物种类包括水母柱树，这种长有“触手”的史前植物目前仅存8株。此外还有珍稀的兰花。动物种类包括大量的鸟类和世界上数量最多的象龟。超过半数的岛屿已经颇具远见卓识地建立起了保护区。这里对自然和当地文化都非常尊重，非洲、马达加斯加和欧洲的综合影响体现在了音乐和舞蹈之中，尤其是充满独特风情的莫特雅舞（Moutya）。

如果我们仅仅把塞舌尔视为一连串的海滩，那就太令人遗憾了。信风影响着这里的四季变换。尤其是在风平浪静的4月、5月或10月、11月，塞舌尔群岛提供了乘坐帆船或水下游艇进行“跳岛游”（Island Hopping）的绝佳机会。一处极致浪漫的独家旅游胜地绝不仅有海滩、水疗馆和梦幻烛光晚餐。这里还有弗雷加特岛私人度假酒店（Fregate Island Private），曾经是海盗的藏身之地，有些人仍旧相信这里埋藏着宝藏，如今已成为印度洋上最时尚的私人海岛度假酒店。16栋别墅和迷人的榕树坡庄园（Banyan Hill Estate），每间都建有私人泳池。酒店坐拥了7座海滩，2000只象龟和100种鸟类，还有有机热带花园和历史博物馆，对于保护工程更是雄心勃勃地冲在了最前线。

P184（上） “马赛战士是一幅壮丽的图景”，卡伦·布里克森曾这样写道。这些步伐优雅的骄傲民族，学会了与他们祖先之地马赛马拉的动物们共生共存。

P184（下） 目睹大草原的耀眼落日，在如此摄人心魄的动人经历后你一定也会成为“非洲症候群”的一员。

P185（上） 精致的"考特1920年代营地"的公共区域，位于紧邻马赛马拉的私人保护区内，占地面积为25平方千米。

P185（下） 说这是帐篷简直是侮辱，它们完全就是豪华的帆布宫殿。在将近百年的运营中，"考特1920年代营地"曾经接待了美国总统、众多欧洲贵族和著名作家。

塞伦盖蒂 / *Serengeti*

坦桑尼亚

“safari”一词出自斯瓦西里语，即非洲东部的通用语，意思是“旅行”。如今全世界都知道它的意思是指“黑大陆”（Black Continent）上最令人热血沸腾、心驰神往的探险之旅。而最重要的“safari”，就是200万头角马、30万头斑马和羚羊的年度大迁徙。它们在坦桑尼亚塞伦盖蒂平原和肯尼亚马赛马拉平原的广袤生态系统中寻找水草更为丰美之处。如果你能够追寻它们的足迹，有幸观看到动物世界中最大的迁徙活动，那就如同身处国家地理纪录片的拍摄实景一般。事实上，如今这场长途跋涉已经在网络上进行实时监测，以确保观众能够在正确的时间“出现在”正确的地点。从每年12月至次年5月，角马聚集在美丽的恩戈罗恩戈罗火山口（Ngorongoro Crater）交配，当覆盖火山口的草开始干枯，它们就往北向辽阔的塞伦盖蒂平原和马赛马拉平原迁徙，那里丰沛的水源会帮助它们度过旱季。到了11月，它们会沿着相同的线路再度返回，而同样的循环往复已经上演了几千年，甚至几百万年的时光。

你可以乘坐吉普车追寻蜿蜒无尽的动物大军，以广角的视野尽情欣赏，或者坐上小型飞机来一场空中之旅，要是乘坐热气球就更好了。不过，不管你信不信，要想捕捉到迁徙中最难忘的景象，就必须要在6月底占据格鲁美地河（Grumeti River）岸的“最佳位置”。因为那时，数不清的角马、斑马和羚羊将越过那条河流，这段可能持续几个小时甚至几天的表演，是整个迁徙过程中最危险的阶段。原因不仅在于湍急的水流，更在于伺机进攻的猎食者，从大型猫科动物和鳄鱼，到以腐肉为食的秃鹫和鹳。出于本能，它们知道跨越河流的猎物正处于最脆弱的状态，所以它们只是静静地潜伏着，准备享受丰盛的大餐。沿着格鲁美地河观看这场大屠杀，会让

P186—187 动物世界规模最大的迁徙活动，构成了非洲最伟大的一场演出（狮子也在其中扮演了一个角色）。每年，200万头角马、30万头斑马和羚羊都会前往更丰美的草场，对它们来说，最危险的旅程就是穿越流经塞伦盖蒂平原的格鲁美地河。

你明白自然界的残酷法则和适者生存的概念。我们至少可以说，这是能够激发内心强烈反响的奇观。

如此刺激的体验需要同样精彩的结尾：留宿辛吉塔塞伦盖蒂营地豪华酒店(Singita Serengeti Camps)。“辛吉塔”这一地名意思为“奇迹之地”，可谓描述得非常准确，因为它成功地将广阔草原上生死交织的迁徙转化为极致浪漫的假日体验。

P188 清晨，客人们早早起床，在大型动物最活跃的时候，前往塞伦盖蒂平原北部的格鲁美地保护区（Grumeti Reserve），亲身经历震撼人心的“游猎”。回到酒店，迎接他们的是屋外金合欢树树荫中摆放着的丰盛美味的早餐。

P189 在塞伦盖蒂-马赛马拉生态系统中的狂野大草原上，辛吉塔塞伦盖蒂营地豪华酒店是真正的奢华绿洲。富丽堂皇的帐篷，令人回忆起游猎在欧洲精英中风靡的那个时代。

诺西贝岛 / *Nosy Be*

马达加斯加

P190 米齐奥（Mitsio）群岛正期待着你的到来，开启一段鲁滨逊式的别致假期。诺西贝岛是其中最耀眼的明珠，这座位于马达加斯加西北海岸的著名“香岛”，生长着繁茂的椰子树，依兰花的种植园里处处弥漫着殖民风情。比之更小的“姊妹岛”静卧在自然的怀抱中，渔民在岛上劳作生息。

P191 从空中俯瞰珊瑚礁环绕的察拉班吉纳（Tsarabanjina）岛，这里是展示陆生和水生生物多样性的殿堂。

肉桂和可可，香草和咖啡，鸡蛋花和胡椒。还有最重要的依兰树，从黄色小花中提取出的诱惑之香的精华，为“香奈儿5号”（Chanel No. 5）香水的巨大成功做出了贡献。各种香气充盈在空气之中，使来到诺西贝岛的人们产生一种愉悦的眩晕感。这座坐落于莫桑比克海峡（Mozambique Channel）的“香岛”靠近马达加斯加的西北角。尽管在马达加斯加语中，“诺西贝”意为“大岛”，但实际上它却很小。这座天堂小岛，一年四季的气温在20至30摄氏度之间浮动，终年吹拂的海风带走了热带地区典型的潮湿气息。

诺西贝岛的地形地貌如此多样，简直就是马达加斯加的缩影。遍地甘蔗、咖啡的种植园和满是芬芳的花草与香料的花园，四周是高耸的玄武岩山脉和森林，棕榈树和猴面包树在迷人的海滩边肆意生长。海水如调色盘般荡漾出从天蓝到钴蓝的每一层色调。而且，诺西贝岛还是马达加斯加最富有、最具欧式风情的地区，这一点从其主要城市安杜阿尼（Andoany）的建筑中便可见一斑。如今，人们坚持使用它的法语名“埃尔维尔”（Hell-Ville），这里的众多海滩游人如织，在旺季更是人满为患。不过，诺西贝岛的奇幻氛围和馥郁芬芳也与毗邻的卫星小岛息息相通，最近的诺西空巴（Nosy Komba）岛，在那里可以乘坐独木舟穿越密林，看狐猴在林间轻盈跳跃。前往米齐奥群岛，那里有五彩的鱼儿在珊瑚礁中穿梭，水面上下的世界展现出不一样的精彩。

在上述提到的岛屿中，察拉班吉纳岛是一处圣地，这里埋葬着米齐奥群岛的传奇国王萨卡拉瓦（Sakalava），当地渔民会以蜂蜜、水果和朗姆酒祭祀先王。康斯坦斯度假酒店（Constance Tsarabanjina）拥有25栋面朝大海的豪华茅草别墅，将全套度假套餐的标准提升到了新的高度。除了五星级的待客之道，包括令人惊叹的葡萄酒和香槟酒单，酒店还提供浮潜和潜水设施，可以与博物学家一同探索岛上的陆地和水生生物（在这里发现了世界上最小的变色龙），乘坐双体船巡游壮美的“四兄弟”（Les Quatres Frères）环礁。一切都令游客沉浸于花香四溢的奇幻氛围和无处不在的感官享受中。

P192 康斯坦斯察拉班吉纳度假酒店的别墅掩映在葱郁的热带植物中，是进入荒野世界之前“奢华享受的最后一站”。酒店的建筑设计和材料都遵循当地的传统风格。这座小岛因拥有传奇国王萨卡拉瓦的陵墓而成为圣地。

P193 康斯坦斯察拉班吉纳度假酒店的装潢极富当代时尚感，海滩上还建有水疗及按摩室。岛上全年气候温和，是蜜月情侣度假的完美胜地。

毛里求斯 / *Mauritius*

毛里求斯

P194 毛里求斯也是度蜜月的理想目的地。尽管岛屿周围都是迷人的海滩，但是都无法与托斯洛克酒店（Le Touessrok）的鹿岛（Île aux Cerfs）和私人专属的芒杰涅岛（Îlot Mangénie）的海滩媲美。

P195 夕阳映照下的莫纳山（Le Morne Brabant）。高约560米的玄武岩山峰上密林丛生，岛的西南角静卧着一汪湛蓝泻湖。毛里求斯朱槿（Hibiscus fragilis）是世界上非常珍稀的植物，只有在这里才能看到它的踪影。

“你会发现，世界上是先有了毛里求斯，再以此为原型创造了天堂”，马克·吐温（Mark Twain）曾在游记中这样写道。这座绝美的岛屿，横亘在非洲和亚洲之间的印度洋上，是《保罗和维珍妮》（*Paul and Virginia*）爱情故事的发生地。这部由19世纪作家贝尔纳丹·德·圣皮埃尔（Bernardin de Saint-Pierre）创作的爱情小说，在法语国家中甚至可与莎士比亚的《罗密欧与朱丽叶》平分秋色。鉴于此，如今世界各地的情侣纷纷都选择来到浪漫的毛里求斯，说出那句人生中最重要的“我愿意”，也就不足为奇了。

岛上遍布婚礼策划机构，可以在各种场地组织婚礼仪式（还可提供文书材料），在白沙滩上、棕榈树下，或在美丽的夕阳下、帆船远航的船上，或在历史悠久的庞普勒穆斯皇家植物园（Pamplemousses Botanical Garden）中睡莲盛开的长潭边，或是殖民时期房屋的露台中，甚至潜入水下。如果这些内容还不够丰富，这里还有童话般的地名可以帮助准夫妻们找寻灵感：贝尔玛尔（Belle Mare）、桑苏西（Sans Souci）、普莱桑斯（Plaisance）和布瓦谢里（Bois Chéri）。

沿海岸线排列着一系列高端度假酒店，见证情侣们难忘的蜜月或假期时光。在酒店内可以独享珊瑚礁保护下的迷人海滩，绝佳的服务和水疗中心能够满足最吹毛求疵的享乐主义者。此外还有民族风格的别致建筑，其中首屈一指的是典雅的托斯洛克酒店，拥有一座私人专属小岛芒杰涅岛，可以体验罗宾逊式的孤岛生活。

尽管毛里求斯的海滩似乎是最引人入胜的风景，但在远离海岸的一端，也绽放着神奇的魅力。活力四射的首都路易港（Port Louis）有着著名的殖民时期建筑和印度教寺庙，其中大多数是来自印度次大陆的热情好客的人们。还有热带森林保护区、黑河谷国家公园（Black River Gorges National Park）和查马雷尔（Chamarel）惊人的地质构造，包括从赭色到靛蓝的各色火山岩。还有覆盖半座岛屿的葱郁甘蔗种植园。

除了高端旅游，制糖业也是毛里求斯的经济支柱之一。目前岛上50%的能源供应来自于将甘蔗废料转化为乙醇的工厂。可以说，这里就连电和汽油都是甜的。

维多利亚瀑布 / *Victoria Falls*

赞比亚 / 津巴布韦

一个可能会让你十分感激的建议是：一定要在2—5月的满月时节来到这里。偷偷选一个夜晚，邀请你的伴侣在能够欣赏到世界最大瀑布（约长1609米，高108米）的全景露台上漫步。在这魔幻的夜晚，月圆如镜，皎洁的月光倾泻而下，造就了世界上绝无仅有的壮丽奇观：月光彩虹。这是一个奇迹。当地土著科洛洛人（Kololo）称维多利亚瀑布为莫西奥图尼亚（Mosi-oa-Tunya），意为“雷鸣之雾”，得名于赞比西河（Zambezi River）从马卡迪卡迪盐沼（Makgadikgadi Pan）以雷霆万钧之势奔泻而下，汇入玄武岩峡谷时升腾而起的浓密水雾。这白色的水雾从50千米之外便可以看到，形成了浪漫却转瞬即逝的自然奇景。1855年，苏格兰探险家戴维·利文斯通（David Livingstone）是首位发现维多利亚瀑布的欧洲人，但是他未能欣赏到月光彩虹。尽管如此，瀑布的景象还是令他如此震惊，以至于他在日记中写道，那里成为了“我在非洲见到的最神奇的地方。”

维多利亚瀑布受到两座相邻的国家公园的保护，占地面积为80平方千米，纵跨赞比亚和津巴布韦两个国家。瀑布及其周围的土地仿佛一首赞歌，传颂着自然势不可挡的力量和黑大陆上伟大探险家的故事。这也正是你应该选择的体验方式，在惊心动魄的狂野探险和如梦似幻的沉思冥想之间自由切换。探险的精华内容是在赞比西河的湍流中漂流，在瀑布上蹦极，或是骑着大象观看斑马、长颈鹿、角马、黑斑羚及猴群，当然还有鳄鱼。至于冥想，则可以坐船沿河缓缓而行，前往河中星罗棋布的岛屿，或是乘坐20世纪早期英国富豪塞西尔·罗德斯（Cecil Rhodes）建造的蒸汽火车，在日落时分细品一杯香槟。这也标志着旅游业开始出现在非洲的中心。到了晚上，要在位于赞比亚城镇中心的皇家

P196—197 从马卡迪卡迪盐沼汇入下方玄武岩峡谷的赞比西河造就了维多利亚瀑布的震撼奇观，河道变宽形成岛屿和支流。河水携雷霆万钧之势，发出震耳欲聋的轰鸣，升腾而起的浓密水雾从50千米之外便可以看到，因此被当地土著称为莫西奥图尼亚，意为“雷鸣之雾”。

P198 皇家利文斯通酒店（Royal Livingstone Hotel）以“发现”维多利亚瀑布的伟大探险家命名，重现了探索非洲的历史氛围以及维多利亚殖民时期的华贵风格。

利文斯通酒店度过月圆之夜。这座以“发现”维多利亚瀑布的伟大探险家命名的酒店，将非洲的神秘意境与维多利亚殖民时期的富丽堂皇完美地融为一体。

P199　在维多利亚瀑布国家公园，除了享受赞比西河的激流漂流，或在瀑布上蹦极，还有机会体验非比寻常的徒步旅行。

莫雷米野生动物保护区 / *The Moremi Game Reserve*

博茨瓦纳

寻常的一天，在这片区域中能遇见的人屈指可数。与此同时，我们却无法精确统计驴羚的数量。这些身披“红袍”的大羚羊，大约有6万头。

此外，这里还生活着大约3万头水牛和大象。多亏了它们大规模群居的习性，你一般能看到至少20只动物的集体行动。而且，在这里可以轻松捕捉到母狮捕猎或与幼崽、慵懒的狮王撕咬猎物的场景。

至于河马和鳄鱼，如果说在观赏时有什么遗憾，也只是在乘坐博茨瓦纳土著居民的传统独木舟“莫科罗”（Mokoro）航行时，不能更近距离地与之接触。

总而言之，在莫雷米野生动物保护区的游猎旅行中，有太多激动人心的体验，甚至可以经历在闪耀星空下漫步时可能看到最高傲孤独的夜间捕食者猎豹的惊险刺激。

夜幕下的莫雷米如此广袤无垠，直击人心的震撼之感甚至会让你在整个假期中忘却“外部真实世界”的存在。而如此狂野而远离一切尘嚣的莫雷米，却只占奥卡万戈三角洲（Okavango Delta）面积的1/5，只能乘坐小型飞机抵达。奥卡万戈河（Okavango River）从未真正汇入大海，其丰沛的河水蒸发、最终干涸在卡拉哈里沙漠（Kalahari Desert）之中。不过首先，它会流经世界上最大的扇形内陆三角洲。相互交织的河道、不计其数的岛屿、绵延无尽的纸莎草和怪异的香肠树（Kigelia africana），构成流动变换的景观。

即使在6—10月的旱季，当三角洲呈现出最壮丽的盛景（和最大的游客量）时，你依然能感受到强烈的原始世界的气息。这种感觉只有在莫雷米自然保护区中散布的几处经典奢华的游猎营地才能得到缓解。其中最私密的是在浪漫河流绿洲中风景如画的小蒙博营地（Little Mombo），每次只能接待6名客人。

P200 博茨瓦纳土著居民的传统独木舟莫科罗，原本是由香肠树制成。如今的莫科罗独木舟则采用玻璃纤维，仍然是穿行探索于奥卡万戈三角洲河道迷宫之中最便捷的交通工具。

P201 奢华私密的小蒙博营地坐落在河流绿洲的田园风光中，这里动物种类丰富多样，甚至能经常看到行踪不定的猎豹。

P202（上） 饮水的象群是日落时分的骑象之旅中最震撼的场景，在阿布度假营地（Abu Camp）就能够看到。奥卡万戈三角洲栖息着大约3万头厚皮类动物及水牛。

P202（下） 私密的小蒙博营地每次只能接待6位客人，每对情侣都拥有专属的露台，可以全方位地欣赏美景。

P203（上） 在像莫雷米保护区这样深入三角洲中心，只有小型赛斯纳（Cessna）飞机才能抵达的遥远地方，几乎难以想象人们可以享受如此荒蛮却又奢华的体验，这里有雅致套房、珍馐美味和专业的游猎旅行导游。

P203（下） 小蒙博营地的休息室是观察当地动物并享用鸡尾酒的理想场所。这座小屋坐落在酋长岛（Chief's Island）上，因献给巴茨瓦纳（Batswana）的部落首领而得名。

克鲁格国家公园 / *Kruger National Park*

南非

P204（上） 游猎旅行中可能拍摄到的最温馨的景象：一只母狮带着幼崽到池塘边饮水。

P204（下） 盘曲虬结的树干盘踞在萨比萨比保护区营地（Sabi Sabi Reserve Lodge）套房中的豪华大床上方，似乎在提醒人们自然掌握的永恒权力。这座毗邻克鲁格国家公园的私人保护区，让人们有机会观赏到非洲"五霸"（Big Five）。

P205 萨比萨比野生动物保护区（Sabi Sabi Game Reserve）的护林人非常熟悉动物的领地和习性，在他们的指引下，游客们才有可能观察到通常在夜间活动的猎豹。

参加过非洲游猎旅行的人都知道非洲“五霸”。但是你是否想过，为什么将狮子、猎豹、大象、犀牛和水牛并称为“五霸”？为什么不包括河马和长颈鹿？毕竟，它们也是体型庞大的动物。其实，这五种动物被称为“五霸”的原因在于，它们是捕猎中最危险的动物。当你在“游猎”中靠近它们时，一定要非常谨慎小心。当然，幸运的是，我们唯一要做的只是拍摄照片。

当人们乘坐越野车穿行于克鲁格国家公园中，敬畏之感总会油然而生。这里最大的动物——非洲象，也是陆地上最庞大的物种，其弯曲的象牙可长达3米。这些厚皮类动物在园内自由地繁衍生息。

克鲁格国家公园面积达2万平方千米，是南非面积最大、历史最悠久的保护区。1898年，萨比野生动物保护区（Sabi Game Reserve）建立，然而当时几乎没有人关心捕猎非洲大型动物的问题。随着政府对于环境问题愈发重视，萨比野生动物保护区也在持续扩建，并最终于1926年成为了克鲁格国家公园。

园内生活着147种哺乳动物、114种爬行动物、34种两栖动物、49种鱼类、507种鸟类，以及336种植物。此外，更为奇特的是，这里还有无数古人类学的相关发现，包括众多令人惊叹的石刻遗迹。

紧邻由政府管理的克鲁格国家公园，还有数家的私人野生动物保护区，包括克拉西里（Klaserie）、蒂姆巴瓦蒂（Timbavati）、荆棘丛（Thornybush）、马拉马拉（Mala Mala）、萨比森（Sabi Sand）和萨比萨比。最先建立的是萨比萨比野生动物保护区，在过去30年间为游客奉上了他们心目中“终生难忘的游猎旅行”，可以选择在清晨或傍晚出行。

而在下午，则要开启一段同样精彩的徒步游猎，去寻找非洲的“小五霸”（Little Five）：蚁狮、豹纹陆龟、象鼩、牛文鸟和犀牛甲虫。在探险活动间隙，你可以在营地体验别样的狂野奢华，在那里你会受到王室般的待遇：观赏着长颈鹿和羚羊在池塘边饮水，在游泳池边细品开胃酒，享用丰盛的篝火晚餐，还可以在水疗中悠闲地放松身心。

纳米布沙漠 / *The Namib Desert*

纳米比亚

P206 这是45号沙丘，因位于纳米布-诺克卢福国家公园（Namib-Naukluft National Park）的塞斯瑞姆（Sesriem）入口和索苏维来（Sossusvlei）之间，且距离入口45千米而得名。这是世界上最常出现在镜头中的沙丘。45号沙丘在黎明和日落时分最美，因为此时阳光会将沙丘涂抹上火焰般的耀眼光彩。尽管沙漠环境恶劣，这里却栖息着许多非洲最大的羚羊。

P207 死亡谷（Dead Vlei）近乎超自然的奇观，几株干枯焦黑的金合欢树伫立在茫茫沙海中，至少在800年前便已枯死。

世界上最高的沙丘“大老爹”（Big Daddy）沙丘，高约325米。攀登至丘顶是一项了不起的壮举。在行走的过程中，脚会陷进沙子里，这可不是开玩笑的，而且夜晚刺骨寒冷的气温白天会瞬间飙升至40摄氏度。如果想要拍摄“大老爹”（Big Daddy）沙丘，最好是爬上它的“另一半”即“大老妈”（Big Mama）沙丘。它的高度略低，但却能一览死亡谷的全景，看干裂的焦土上点缀着乌黑的金合欢树，它们至少在800年前便已枯死。

如果你转向另一面，就会看到另一片洼地那拉维雷（Naravlei），其名称来源于这里生长的大片甜瓜（nara）。在极端干旱的气候下，这种甜瓜作为主要的食物来源养活了这里的动物，包括头顶长角的大羚羊（非洲最大的羚羊）、跳羚、豺和鸵鸟。

不过，被拍摄最多的沙丘仍然是45号沙丘：完美的金字塔形的粉色沙丘在日出日落时分会被染上绚丽夺目的橙色。

索苏维来的沙丘应该是纳米比亚最引人入胜的旅游奇观。

一旦来在这里，游客们才会意识到空旷的沙漠所能激发出的情感和诱惑如此丰富。而这种空旷感真的辽远无垠。

索苏维来是世界上最古老的沙漠，只是纳米比亚一片小小的区域，坐落在非洲最大的自然保护区纳米布-诺克卢福国家公园之中。它也是世界第四大自然保护区，与瑞士的国土面积相当。对于纳米比亚这样幅员辽阔却人口稀少的国家来说，这样的排名已经是很高的成就。尽管偏居世界的一隅，这片景致却成为惊悚电影《入侵脑细胞》（*The Cell*）的拍摄地。而对于在此度假的情侣来说，这片沙漠又是永恒爱情的象征。的确，有众多浪漫的方式欣赏这里的奇幻风景：在远离一切尘嚣的荒野之中，乘坐热气球飞行，享受沙丘上的香槟早餐，骑马穿越诗意的峡谷，或是在某个别致的度假小屋中休憩。

其中，最幽静诱人的是沃维丹斯沙丘旅馆（Dunes Lodge），也是纳米比亚最知名的野奢帐篷酒店，位于纳米比亚环境保护者阿尔比·布鲁克纳（Albi Bruckner）拥有的纳米布兰自然保护区

(Namib Rand Reserve）之中。雅致的小屋根据最严格的可持续发展标准建造，使用的材料仅有木材和帆布。酒店鼓励客人参与各种活动，包括徒步或乘坐小型飞机的游猎旅行，享受美味晚餐，更特别的还有户外星空下的双人床，情侣们以星空为毯，以提灯照明，度过难忘的夜晚。

P208（上） 沙丘小屋的内部简约大气，品味高雅，也很符合可持续发展的理念。为客人提供的活动同样精彩：热气球飞行、骑马游猎和夜间徒步旅行，还可以带上望远镜观赏纳米布沙漠永远不变晴朗的明澈星空。

P208（下） 在索苏维来以南，纳米布-诺克卢福国家公园的旁边，是纳米比亚最大的私人自然保护区纳米布兰，覆盖面积达2000平方千米。保护区内是沙丘旅馆的所在地，这是纳米比亚自然环境保护先驱阿尔比·布鲁克纳创立的雄心勃勃的环境零负荷项目之一。

P209 在地球上如此干旱的地区建造游泳池，是绝对的奢华享受。在坚持可持续发展理念的前提下，沙丘旅馆提供极致舒适的享乐体验。以餐厅为例，这里有纳米比亚游猎旅行线路中最顶级的美食。

惠斯勒 / *Whistler*

加拿大

P210（上）和211 惠斯勒山和黑梳山（Blackcomb）造就了北美洲最大的滑雪胜地。由于靠近太平洋海岸，这里冬季的温度从未低于-15摄氏度，然而年均降雪量却高达11米。到了夏天，滑雪场摇身一变成为徒步和骑行的自然乐园。

P210（下） 尼塔湖（Nita Lake）是一片冰川湖，湖畔坐落着尼塔湖旅舍（Nita Lake Lodge），是加拿大极为奢华的度假酒店。

19世纪末期，一群捕猎者建立了这座村庄，并称之为“伦敦”（London），因为从散落的众多小冰川湖中升腾起的雾气，使他们联想了祖国的首都。这还真是一种奇特的怀旧方式。

1966年，当村子被改造成滑雪场的时候，想必当局觉得原来的名字带有消极的、感伤的情绪，因此改名为惠斯勒，取自山上居住的灰白旱獭发出的叫声。

不列颠哥伦比亚省（British Columbia）首府和惠斯勒之间以世界最美的全景公路相连，因此2010年温哥华冬季奥运会的一些比赛项目就在这里举行。这条公路全长约110千米，从太平洋海岸一直延伸到壮丽的森林和嶙峋的山峰。

作为美洲最大的滑雪区，惠斯勒的面积如此广阔，以至于据称这里的滑雪教练人数多达1200人。作为备受欢迎的热门景区，出现在这里的名人甚至比降雪还多。有八卦消息称，卡梅隆·迪亚兹（Cameron Diaz）和贾斯汀·汀布莱克（Justin Timberlake）的爱情故事就发生在这片滑雪场中，而摇滚巨星席尔（Seal）向超模海蒂·克鲁姆（Heidi Klum）求婚时，正是在飞越此地冰川的直升机上。

尽管这对超级明星夫妇之间的爱情已像烈日下的冰雪迅速消融，但是所有对浪漫假期感兴趣的人都不应因此而气馁。除了滑雪和其他雪上探险，惠斯勒还有无数美食餐厅可以满足你雪后狂欢的欲望，包括世界顶级厨神戈登·詹姆斯·拉姆齐（Gordon James Ramsay）的“地狱美食”以及高级料理“环太平洋”，其中两道最精致的美味是温哥华湾牡蛎和水牛菲力牛排。香槟如河水般在餐厅中流淌，奢华是酒店不变的定律。众多酒店中，首选位列加拿大十佳度假酒店之一的尼塔湖旅舍，建筑的禅意倒映在冰川湖面上，也体现在完美的水疗体验中。

惠斯勒是如此独特，以至于就算在夏天也同样不虚此行。此时辽阔的滑雪场摇身一变成为徒步和骑行的迪士尼乐园。而在5—10月，你还可以以更加“生态环保”的方式前往惠斯勒，即乘坐“惠斯勒登山者号”观光列车（Whistler Mountaineer）穿过加拿大落基山脉（Rocky Mountains），去寻求《国家地理》（*National Geographic*）杂志中所称的“改变一生的历程”。

蒙大拿 / *Montana*

美国

P212（上） 从眺望岩上（Lookout Rock），可以看到格里诺（Greenough）神奇的黑脚河谷（Blackfoot River Valley）中面积达150平方千米的飞爪牧场（Paws Up Ranch）。刘易斯（Lewis）和克拉克（Clark）曾在他们的远征历险中到过此地。在这里，你可以体验真正的牛仔生活，在牛群中策马奔腾，去钓鱼，或是到冰川国家公园（Glacier National Park）中徒步。

P212（下）和213 飞爪牧场度假酒店的帐篷有着出人意料的精致典雅，更让人意外的是它能够在“狂野”的蒙大拿州如此风靡。这些帆布套房就坐落在黑脚河附近恬静宜人的田园风光中。

“我爱蒙大拿”，约翰·斯坦贝克（John Steinbeck）曾经这样写道，“对于其他州，我赞美、尊重、认可，或者有一些喜爱。但对于蒙大拿，却是爱恋。当你陷入了爱情之中，便再难以做出理性的分析。”事实上，这不仅对于这位20世纪极具影响力的美国作家来说是个难题。美国其他所有州都有各自的官方名字，但蒙大拿却没有就此达成共识。它有数个昵称：大天空之州（Big Sky Country）、财富之州（The Treasure State）、闪光群山（Land of Shining Mountains）和终极最佳之地（The Last Best Place）。所有这些称号都实至名归。“大天空”是指其下覆盖的38万平方千米的广袤土地和超过1百万的人口（不过远少于其野生动物的数量，蒙大拿拥有美国数量最多的灰熊），以及其带给人们的绝无仅有的永恒之感。至于“财富”和“闪光群山”，这里有属于落基山脉的24条分支，有些位于黄石国家公园（Yellowstone National Park）和冰川国家公园（Glacier National Park）之中。最后，蒙大拿也被称为“终极最佳之地”，因为自从刘易斯和克拉克远征至此以来，这里的景色便从未有过改变。1803年，托马斯·杰斐逊（Thomas Jefferson）总统派遣两位军官探索一条打通美国西北与太平洋之间的路线，这一壮举为现代美国的诞生奠定了基础。

蒙大拿一直是最后一道防线。与印第安人的战争中最著名的小巨角河战役（Battle of Little Big Horn）曾在这里打响，使卡斯特（Custer）将军的军队遭到了毁灭性的打击。蒙大拿州至今仍聚居着11个土著印第安部落，参观夏安族（Cheyenne）或黑脚族（Niitsitapi，更为常用的名称是Blackfoot）的保留地，尤其是帕瓦（Pow-Wow）仪式，将成为难忘的经历。在大多数人心目中，蒙大拿的平原是最能体现美国西部风采的代表，人们在此可以像牛仔一样，骑马跟随牛群寻找更加丰美的牧场。

女性游客也许会心怀不满，觉得这样的假期更多是让男性美梦成真，就像他们小时候看的约翰·韦恩（John Wayne）的电影中那样。然而，令人惊讶的是，大草原中的小屋也同样可以营造出极致浪漫的氛围，尤其是飞爪度假酒店。距离壮美的冰川国家公园不远，位于黑脚河谷中的度假酒店面积达150平方千米，在原始自然中提供了豪华的休憩之所，是情侣度假的完美选择。骑马、远足，惊险的漂流和绳降（即从岩石上沿着两股绳索滑降而下），面朝刘易斯和克拉克在一场大风暴中躲避风雨的庇护所。每到4月，女牛仔们会来到这片牧场举行为期一周的集会，在此期间，女性将会成为远西地区的主宰。

楠塔基特岛与马萨葡萄园岛 /

Nantucket and Martha's Vineyard

美国

P214　两片沙滩，一片面向大西洋，一片面向更为平静的楠塔基特湾（Nantucket Bay）。一端坐落着精致的沃威内特酒店（Wauwinet），在以捕鲸者闻名的岛屿上营造出航海的氛围。不过，在楠塔基特岛，就连码头上渔民的棚屋都很别致，很多都成为了波士顿和纽约上流人士们貌似朴素的“隐居地”。

P215　除了帆船运动，钓鱼（包括捕龙虾和蛤蜊）也是楠塔基特最特别的运动。

1977年，楠塔基特岛和玛莎葡萄园岛曾请求从马萨诸塞州独立，经过在华盛顿举行的讨论后，这一请求遭到明确拒绝。实际上，国家最高权力机构是基于实用主义精神做出的最后决定，楠塔基特岛和玛莎葡萄园岛的居民非常清楚，他们的岛屿将继续属于其独特的世界。的确，这里是美国梦的当代缩影。墨西哥湾暖流从这里经过，使得温暖的夏季一直持续到10月。这几座岛屿距离东海岸科德角（Cape Cod）的钩状半岛不远，乘船大约需要1个小时，乘坐私人飞机当然更好。当你到达这里，也就意味着你已经到达了“圆满的境界”。

令人惊讶的是，从被称为玛莎葡萄园岛“守护者”的肯尼迪家族，到麦当娜（Madonna）、罗伯特·德尼罗（Robert De Niro）和普利策获奖作家等等，这两处浪漫度假胜地成功征服这些富豪名流的秘诀就在于这里别致的保护区和对隐私的绝对尊重。

玛莎葡萄园岛的面积更广，植被也更为葱郁。而楠塔基特岛更具荒野和“大西洋”的气质，在那里，一群海豹栖居在一处海角的顶端。这里也是世界上重要的捕鲸中心之一。

两个岛屿都拥有迷人的海景，海岸上点缀着灯塔，仿佛来自爱德华·霍普（Edward Hopper）的画作。除了魅力海滩，玛莎葡萄园岛上还耸立着一片砂岩悬崖，随着光线的变化而呈现出不同色彩。其中一处悬崖上坐落着盖伊角（Gay Head）保留地，在那里，马萨诸塞州和这片海岸的万帕诺亚格印第安人（Wampanoag Indian）仍然保留着他们的传统，例如制作美丽的粉色贝壳串珠。

这里有一半的土地都受到法律的保护，建筑的大小和风格必须严格遵守规定。尽管这两座岛屿可谓曼哈顿、华盛顿和好莱坞的夏季“别宫”，不过名流及明星们一定很高兴能住在至少外表看起来很朴素的民宿和酒店中。

P216 埃德加敦（Edgartown）海角的夏日夕阳，玛莎葡萄园岛5座灯塔中的1座就矗立在这里，萦绕着爱德华·霍普绘画中的诗意情调。

P216—217 玛莎葡萄园岛海滩上砂岩悬崖林立，是万帕诺亚格印第安人部落的保留地。

玛莎葡萄园岛最著名的景观是百余年前在橡树崖镇（Oak's Bluff）卫理公会飞地中建造的迷人小屋，如同《韩塞尔与葛雷特》（*Hänsel and Gretel*）中的小屋那样多彩绚丽。而楠塔基特的昵称却是“灰色女士”（Gray Lady），得名于木屋暴露在高浓度盐分中仅仅一个冬天之后显现出的优雅色彩。灰色也是楠塔基特沃威内特酒店的颜色。这家酒店演绎出“极简的奢华”，提供船只或老式汽车等高级设施，成为海上旅行常客的避风港。

旧金山 / *San Francisco*

美国

P218 旧金山的天际线灯火通明。这座城市剪影的著名形象还出现在传奇音乐剧《巴比伦沙滩摊子》(*Beach Blanket Babylon*)中惊人的巨大帽子上，这部音乐剧在过去的40年间每天都在此上演。在这座美国最自由的城市中，还有风情万种的"彩绘女士"(Painted Ladies)，那些排列在阿拉莫广场(Alamo Square)边，外墙多彩的维多利亚时代的老房子。

P219 金门大桥(Golden Gate Bridge)仿佛奇迹般从海湾中氤氲的云雾中浮现出来，这也是旧金山最经典的明信片风景。

旧金山天际线最离奇的体现是在《巴比伦海滩摊子》大结局中演员佩戴的巨大帽子上，帽子的直径至少有4米，高约2米。这部在《吉尼斯世界纪录大全》中被评为史上持续上演时间最长的音乐剧，于1974年6月7日开启首演，之后每周都在北滩（North Beach）意大利区弗格齐剧院（Fugazi Theatre）中献上8场演出。洛可可式的剧院内部可容纳393名观众，通常有一半游客和一半当地居民。有些当地人可能已经来看过不止50遍，但可以肯定的是，他们每一次观看都能体会到新的感觉。

狂热的粉丝称这部音乐剧为“BBB”，而欣赏其中的流光溢彩和夸张至极的大帽子，则是在旧金山度假旅行中不容错过的一项体验，因为它能够让观者沉浸于梦想，也能让他们笑出眼泪。仔细想想，这也正是这座城市的特点。在这座美国最疯狂、最自由的城市，正可谓江山代有才人出：20世纪50年代的披头族、20世纪70年代的佩花嬉皮士、20世纪90年代的网迷。值得一提的是，很久以前李维·斯特劳斯（Levi Strauss）发明了牛仔裤，使全球青年人的着装发生了革命性的变化。城市的活力还体现在卡斯楚区（Castro District），这里的游行记录着同性恋权利运动的历史，也体现在那些庞大的公园和建筑中。例如伦佐·皮亚诺（Renzo Piano）设计的加利福尼亚州科学院（California Academy of Sciences），讲述着世界上最执着、最具环保意识的城市所进行的绿色革命。这一运动也促进了许多有机市场和餐厅的建立，在美国这个全民快餐的国家，旧金山成为了慢食哲学的标杆。

旧金山是一座遍布象征符号的城市。你会沉迷于城市的街头巷尾，步行或乘坐标志性的有轨电车，穿梭于令人头晕目眩的起伏街道中。你可以在奇妙的唐人街感受东方魅惑，在维多利亚和爱德华时期的建筑中重历镀金时代的辉煌。当然，首先要去观赏的是“彩绘女士”——在阿拉莫广场排列的粉彩画般的维多利亚建筑。然后，你会感觉仿佛置身于由达希尔·哈米特（Dashiell Hammett）的小说改编的悬疑电影，或是《逃出亚卡拉》（*Escape from Alcatraz*）中，该片中出现的曾经的岛上监狱与旧金山最著名的景点渔人码头（Fisherman's Wharf）隔海相望。更不必说还有阿尔弗雷德·希区柯克（Alfred Hitchcock）的多部影片曾在这里拍摄。电影《群鸟》（*The Birds*）拍摄于旧金山，《迷魂记》（*Vertigo*）的高潮部分拍摄于横跨旧金山

P220 美国西海岸最推荐的浪漫旅社卡瓦略岬酒店（Cavallo Point）的全景。酒店在著名的金门大桥附近，位于具有生态及历史意义的国家旅游度假区（National Recreation Area）内。

湾（San Francisco Bay）的金门大桥下。桥两边大多是公园和保护区，遍布各种历史遗迹和有趣的自然景观。大桥外侧的沿海城镇萨索利托（Sausalito）的古老堡垒旁边，就是典雅的卡瓦略岬酒店，是为相爱之人修筑的甜蜜爱巢。经过都市探险后，情侣们可以回到这里，在赏心悦目的美景中放松心灵。此外，还有加利福尼亚北部令人享受的浪漫景观，比如世界著名的纳帕谷（Napa Valley）也非常值得一去。

P221 驾车北上不久便会到达纳帕谷绵延起伏的山丘，这里因酒庄（可以品酒）和美食餐厅而闻名于世。

莫阿布 / *Moab*

美国

P222（上）和223 游览美国西南部的主要公园，最好的时机是在夏季还是冬季？这个问题没有答案。不过可以确定的是，圆形剧场般的布赖斯峡谷（Bryce Canyon）中因侵蚀作用而形成的石林（hoodoo）和大峡谷（Grand Canyon）雪后的景致是最令人难忘的，而且那里的游客也更为稀少。

P222（下） 美国印第安人典型的圆锥形帐篷（Teepee），独创的豪华风格和巨大的开放空间供您尽情享受。莫阿布帐篷酒店（Moab Under Canvas）提供精致浪漫的“营地”，是前往拱门国家公园（Arches National Park）和峡谷地国家公园（Canyonlands National Park）探险的最佳基地，也是著名电影《关山飞渡》（*Stagecoach*）的取景地。

呈弧形的岩石构造两端至少距离91厘米才能被称为“拱门”。根据这一标准，拱门国家公园中的拱门多达2000个，其中最大的“景观拱门”（Landscape Arch）规模更是世界之最，长达93米，与足球场的长度相当。除了拱门，公园中还有众多红砂岩构造，经过长年累月的洪水和其后的蒸发过程（共26次），地形不断抬升、位移、侵蚀，至今仍未停止。园内有一片黑色沙质盐碱地，点缀着变幻莫测的池塘，实际是由真菌、藻类、地衣和蓝藻组成的生物外壳（蓝藻是地球上已知最早的生命形态。

当然，所有这些“专业性的”细节必然会出现在各种园区介绍内，但却不能帮助你做好迎接犹他州“红岩之国”宏伟景象的准备。位于科罗拉多高原（Colorado Plateau）北部，覆盖4个州，约33.5万平方千米的土地上，坐落着近30座美国经典的保护区和国家公园，包括锡安国家公园（Zion National Park）、布赖斯峡谷、纪念碑谷（Monument Valley）、大峡谷，以及梅萨维德（Mesa Verde），这里是印第安纳瓦霍人（Navajo）的祖先阿纳萨齐族（Anasazi）最重要的古老悬崖村庄聚居区。

这里的好去处不胜枚举，更有一生难求的户外探险活动。不过我们还是推荐更为浪漫唯美的行程。首先要去莫阿布，这座20世纪初建成的小镇，最初是铀矿开采中心，后被改造成为度假娱乐公园。这里距离拱门国家公园和豪华的莫阿布帐篷酒店只有几千米。一排排北美印第安人的传统圆锥形帐篷带来“西部游猎”的野趣，还可以体验徒步旅行和山地自行车骑行，以及格林里弗河（Green River）与科罗拉多河（Colorado River）上的白水漂流、自由攀登和热气球之旅。再向前不远便是“拱门之地”，在犹他州的标志幽雅拱门（Delicate Arch）上凝望落日是绝对不容错过的心动体验。此外还有仿佛外星球般的峡谷地国家公园，是犹他州最大

P224 沐浴在梦幻落日余晖中的幽雅拱门是拱门国家公园的标志。拱门国家公园靠近莫阿布镇，面积达310平方千米，拥有近2000处天然拱门岩石构造。

P224—225 峡谷地国家公园的亨特台地（Hunt´s Mesa）充满超现实主义色彩，却又并不令人感到陌生，它曾出现在无数西部电影中。

的保护区，这一派无限壮阔的景致可以从高1853米的大观景台（Grand View Point）上一览无余。砂岩台地俯瞰深达千米的峡谷群，形成“天空之岛”（Island in the Sky）外星球般的景观。园内还有“针峰”（Needles）石林，闪耀着从赭红到鲜红的各种色彩，成为曼哈顿天际线在大自然中的远古显现。如果对你来说，这还不足以成为超越这个星球的存在，那么请继续前往峡谷地最遥远的马蹄铁峡谷（Horseshoe Canyon），在那里你会看到在橙色的岩石表面上，有古老的印第安人雕刻和描绘的象形图案，有些类似天线的奇怪线条，有人说他们是外星人……

查尔斯顿 / *Charleston*

美国

P226（上） 夕阳斜晖下的平克尼堡（Castle Pinckney）码头。为了保护查尔斯顿港口，平克尼堡建于1818年，之后在美国内战中也起到了至关重要的战略作用。

P226（下）和227 清晨的墓地海滩（Boneyard Beach）向人们发出浪漫散步的邀约。在查尔斯顿，可以尽情沉醉于海港历史之旅的乐趣，欣赏炮台（Battery）公园的建筑。在查尔斯顿以北几千米处，坐落着罗曼角国家野生动物保护区（Cape Romain National Wildlife Refuge）中最大的沿海岛屿公牛岛（Bull Island）。

白瑞德（Rhett Butler）与郝思嘉（Rossella O'Hara）的诀别是电影史上极为动人的情景。在《飘》（*Gone with the Wind*）的结尾，由风度翩翩的克拉克·盖博（Clark Gable）扮演的白瑞德，凝视着郝思嘉说道，“我要回到查尔斯顿，回到属于我的地方……我想看看生命中是否还存在着高尚和美丽”。

在影片中故事发生的时代，查尔斯顿曾是美国内战的重要城市之一。作为南部联盟的沿海哨所，查尔斯顿曾遭到联邦军队的轰炸和封锁，史诗般的战役在这里打响。总之，在美国人民的记忆中，这里一直是美国历史上的一股主要力量。这座南卡罗来纳州（South Carolina）的半岛城市位于艾希礼河（Ashley River）和库珀河（Cooper River）之间，还拥有着许多光辉的成就。这里有美国最古老的图书馆，建成于1698年。还有最早建立的剧院（建于1736年）、公共博物馆（建于1773年）和高尔夫球场（建于1786年）。此外，代表“咆哮的二十年代”（Roaring Twenties）的著名舞蹈也以此城市命名。73座高贵典雅、保存完好的建筑成为了美国历史的纪念遗迹，承载着过去的印迹，让鲜活的历史依然在这里流淌。你可以在鹅卵石街道上漫步，或是租一辆马车，就像是走进了一部老电影中。一定要去看看著名的彩虹街（Rainbow Row）上沿街矗立的一排排古老的彩色房屋，以及半岛底端的炮台。这一切都让查尔斯顿成为当之无愧的美国最浪漫的城市，以至于如果能够在情人节的周末预订到一间酒店的客房，都可以算是一项丰功伟绩了。

关于浪漫这一点，有什么能够比体会《飘》中的意境更浪漫的呢？为了感受更加真实的氛围，建议在温特沃斯大厦酒店（Wentworth Mansion）预订一间套房。这座19世纪棉花大亨的豪宅被改造成了古典优雅的酒店，锃亮的桃花心木家具、黄铜设施和蒂凡尼的彩色玻璃熠熠生辉。这座宅邸和其他历史建筑足以令你的查尔斯顿之旅不虚此行。当然，烛光晚餐一定要选择典型的美国南部辛辣菜肴。但是真正使这座城市独一无二的还是周围的环境，海滩、沿海岛屿（如今是新的生态旅游景点）和大片的棉花种植园。这里有美国最能体现格鲁吉亚-帕拉第奥式（Georgian-Palladian）建筑风格的德雷顿庄园（Drayton Hall）。奢华的米德尔顿庄园（Middleton Place）有着美国最古老、最富有魅力的规则式庭园。还有布恩庄园（Boone Hall），百年老橡树在宽阔的道路两旁繁茂生长，成为美国被拍摄最多的庄园。深厚的情怀在这里涌动，郝思嘉和白瑞德牵手漫步的情境仿佛就浮现在眼前。

P228（上） 布恩庄园中栽于1743年的古老橡树上苔藓丛生，美国南部乡村文化的遗韵在这里回响。

P228（下） 德雷顿庄园距离查尔斯顿19千米，坐落于迷人的景致之中，是美国格鲁吉亚-帕拉第奥式建筑的最佳典范。

P229 查尔斯顿的温特沃斯别墅如今是一栋雅致的酒店，房间中饰有华贵的桃花心木家具、黄铜设施和蒂凡尼的彩色玻璃。

佛罗里达群岛 / *The Florida Keys*

美国

P230 小棕榈岛温泉度假酒店（Little Palm Island Resort & Spa）是佛罗里达最私密奢华的度假居所，位于小火炬岛（Little Torch Key）珊瑚礁群中的小棕榈岛上。在这座占据了整座岛屿的酒店中，你可以在天然纯净的白色海滩上畅享休闲时光，或是在各种蓝色色调交融的大海上练习水上运动。

P231 伊斯拉莫拉达（Islamorada）由5座岛屿组成，因此也被称为“岛上村庄”。这里的小船坞是钓马林鱼的绝佳地点，也是向热爱佛罗里达群岛的欧内斯特·海明威的一种致敬。

跨海公路（Overseas Highway）长达169千米，连接着42座桥，越过无与伦比的蔚蓝海面，是传奇公路旅行的重要部分。一定要开着敞篷车从这里飞驰而过，感受发丝在风中飞扬的快意。公路从迈阿密开始，到美国本土最南端的城市基维斯特（Key West）。南海岸的装饰艺术风格（Art Deco）建筑赋予了其独特的魅力。最好是在日落前夕抵达，这样还能在马洛里广场（Mallory Deck）找到欣赏日落庆典（Sunset Celebration）的最佳位置。每天人们都会在这里举行日落庆典，鼓掌欢呼庆贺太阳西沉入加勒比海。

基维斯特充满着迷人的世俗气息，到处都是焦糖色的小房子、纪念品小店、售卖稀奇古怪的T恤，还有美国人度假必不可少的遮阳帽。几十家鸡尾酒酒吧传出喧闹的音乐，无一例外都挂着“海明威老爹曾在此饮酒”的标牌，尽管这位写出《永别了，武器》（*A Farewell to Arms*）的传奇作家真正的最爱只有邋遢乔酒吧（Sloppy Joe's），如今也早已举世闻名。不必赶时间，任由这里愉悦的气氛将你感染，也许还要沉浸于一场“幽灵之旅”，去探访曾经在此居住过的众多名人故居，更不要忘了用塔罗牌占卜命运。算命师们几乎占领了码头和大街小巷的各个角落，他们无疑都非常善于让你相信你所有的美梦都会成真。不过，这里当然也有浪漫的一面。佛罗里达群岛的1700座珊瑚岛犹如宝石项链一般，同是棕榈林和白沙滩，却各自展现出与众不同的奇妙意境。尽管人人都可以来到美国最具热带海岛风情的保护区——巴希亚洪达岛（Bahia Honda Key）享受浮潜或观鸟之旅，或者在自称“世界潜水之都”的基拉戈岛（Key Largo）晶莹剔透的水中与海豚、海龟共舞，但是如果能够来到小火炬岛珊瑚礁群中的小棕榈岛，沉浸于诗情画意的恬静惬意中，将是无与伦比的奢侈体验。这座天堂般的小岛只有乘坐船或水上飞机才能到达。岛上坐落着被评为全美十佳蜜月度假胜地之一的极致奢华酒店，提供浪漫绝伦的各式活动。在迷幻月圆之夜的沙洲聚会上，顶级爵士乐手会在海滩上纵情演奏，为你的假期留下难忘的回响。

P232 由生产潜水装备的意大利科越思（Cressi）家族捐赠予美国潜水者的“深渊基督”（Christ of the Abyss），就位于基拉戈岛附近水下7.6米深处。

P232—233 于20世纪80年代沉入海底的海岸警卫队快艇杜安号（Duane），成为了鱼类颇为喜爱的栖居地。当然，这里也是基拉戈岛尤为惊险刺激的潜水点之一。

洛斯卡沃斯 / *Los Cabos*

墨西哥

P234 天然石拱林立的洛斯卡沃斯海滩为什么被称为“爱情海滩”（Playa del Amor），其实完全不难理解。下加利福尼亚（Baja California）半岛永远不缺天然或人工的浪漫美景。其中必须要去的是好莱坞明星的最爱——天堂之窗酒店（Las Ventanas al Paraíso）。下图为酒店的无边泳池。

P235 刺激的观鲸之旅。在埃尔比斯卡伊诺鲸鱼保护区（El Vizcaino Nature Reserve），可以欣赏这些庞大的生物在海中恣意游弋的身姿。

下加利福尼亚半岛顶端隆起的石拱名为“地之角”（El Fin del Mundo）。就是在这鬼斧神工的宏伟自然奇观之中，科特斯海（Sea of Cortez）与太平洋相交汇，呈现出澄澈海水与幽深汪洋的清晰分界。你可以从卡波圣卢卡斯（Cabo San Lucas）乘船出发欣赏这一奇观，沿途也可在埃尔比斯卡伊诺鲸鱼保护区的海域中近距离地观赏鲸鱼和一系列海上奇景：巨石上栖息着大群的鹈鹕和海狮，陡峭的悬崖俯瞰大海，与白色海滩交相辉映。海滩中最著名的要数科特斯海边的“爱情海滩”，这条短短的沙滩小径连接着半岛另一端同样美丽诱人的风景。不过，另一端的海岸面对的却是太平洋的汹涌险流，因而获得了“离婚海滩”（Playa del Divorcio）的别称。

如果你想度过一段浪漫的假期，就一定要避开这片海滩，而且在下加利福尼亚半岛之上还有太多值得探索的地方。从仙人掌点缀的梦幻沙漠（可乘坐越野四轮摩托车或越野四驱车前往），到如今发展为旅游中心的城镇；从拥挤不堪的卡波圣卢卡斯，到优雅精致的圣何塞德卡波（San José del Cabo），最适合在这里的画廊和精致的手工艺品小店中度过悠闲的午后时光。不过，如果你已经预订了天堂之窗酒店，以上这些陆路和海路的游览建议便都失去了价值。因为这是美国最令人魂牵梦萦的度假酒店，掩映在美不胜收的自然盛景之中。蓝天、碧海、黄沙，以及时刻在提供奢华享受的同时遵守生态平衡的原则，共同造就了真正的天堂之窗。许多好莱坞明星都曾下榻此地，杰西卡·阿尔芭（Jessica Alba）、格温妮丝·帕特洛（Gwyneth Paltrow）和乔治·克鲁尼（George Clooney）等等，吸引他们的是酒店对隐私的极度保护。事实证明这一政策非常有效，以至于八卦杂志只能刊登虚构的“独家新闻”，讲述传言中曾在这里开始的著名爱情故事。

无论如何，人们根本无法抗拒天堂之窗的魅力，这里配备有庞大高效的服务团队，甚至设立有“浪漫部门”，专门致力于为情侣营造最梦幻的氛围。情侣们可以在房间中体验芳香疗法按摩，在悬崖上静享烛光晚餐，远离一切尘嚣纷扰。如果这都不算求婚的最佳情境，还有什么比这更完美的呢？

圣米格尔·德阿连德 / San Miguel de Allende

墨西哥

P236 圣米格尔·德阿连德最奢华浪漫的奇奎多酒店（L´Ôtel）迷人的套房外，是能够将美景一览无余的豪华露台。室内装饰采用了所谓的“创意殖民”风格，所有陈列的本地艺术家画作均可购买。如果想要一件高雅的纪念品，可以选择把艺术品带回家。

P237 夕阳余晖将圣米格尔·德阿连德的历史中心区蒙上了一层迷幻的光彩。建于海拔1900米的山丘之上的宏伟大教堂俯瞰整座城市。这是墨西哥知名的美丽的教堂，新哥特式的风格华美富丽而诡异奇绝，使人联想到巴塞罗那（Barcelona）高迪（Gaudi）的圣家族大教堂（Sagrada Família）。

圣米格尔·德阿连德的舞会游行欢迎所有人参加，大家穿戴着最华丽的服饰和面具走在崎岖难行的街道上，人们称这项活动为“疯狂嘉年华”。6月是狂欢的时节，为了纪念帕多瓦的圣安东尼（St. Anthony of Padua）和不那么出名的圣帕斯夸莱·贝隆（St. Pasquale Baylón），一位西班牙僧侣，也是糕点师和失意妇女的守护神。据说当人们前来向他忏悔时，他会将萨芭雍（Zabaglione，一种意大利甜品）当作解决婚姻问题的良方。毋庸置疑，这场狂欢是色彩和欢乐的盛宴，即使在多彩的墨西哥也是独一无二的存在。这里的美丽建筑，从巴洛克与新古典主义风格的贵族宅邸，到像巴塞罗那高迪的圣家族大教堂一般富丽堂皇的新哥特式大教堂，还有那无与伦比的光影，都让圣米格尔·德阿连德刻画出了墨西哥最极致的风情。

这里约有8万居民，其中1.5万的人口来自其他国家，他们就居住在墨西哥的中心，也是离海最远的瓜纳华托州（Guanajuato）。在这里要感谢美国艺术家斯特林·迪金森（Stirling Dickinson），正是他于20世纪30年代末期开启了圣米格尔·德阿连德的第二个黄金时代。事实上，这座城市由一位西班牙修士于1551年在中心公园（Parque Principal）的温泉附近创建，不过现在那座温泉已经成为了洗衣池。萨卡特卡斯（Zacatecas）的银矿脉已经赋予其长久的荣光，贵重的银矿石从这里沿着“银之路”（Ruta de Plata）运送至墨西哥城（Mexico City）。在墨西哥赢得独立之后，这座城市便逐渐衰落，以至于当迪金森到达这里的时候，许多建筑几乎已经完全废弃。他爱上了这位“贫穷的女性”，决定留在这里，并被任命为美术学院（University School of Fine Arts）的院长。美术学院坐落在古老修道院中，20世纪墨西哥代表画家大卫·阿尔法罗·西凯罗斯（David Alfaro Siqueiros）曾在此任教。随着时间的推移，圣米格尔·德阿连德又开始繁荣起来，吸引了一批各具特色的艺术家，其中有些甚至成了酒店老板，其中就包括尤为热情好客的奇奎多酒店的老板。这处精致浪漫而异彩纷呈的避风港湾是理想的度假栖居地，让你不禁希望假期永不终结。

圣米格尔·德阿连德的历史中心区环绕着市政广场（El Jardín），总有乐队在此演奏悲伤的民谣，还有印度妇女贩卖美味的小吃。如今，这是让人坠入爱河的地方。你可以漫步在画廊、传统市场和手工艺品小店之中，或是享受蒸疗法（temazcal）水疗，即中美洲版的土耳其浴，以及用马德雷山脉（Sierra Madre）上的草药按摩。而另一种选择是，静静地感受这“曾经的新世界”，沉浸于它魔幻的、戏剧化的殖民风情。

尤卡坦 / *Yucatán*

墨西哥

P238 (上) 奇琴伊察（Chichén Itzá）位于尤卡坦半岛（Yucatán Peninsula），是玛雅文明的宗教、文化和经济中心。这座令人叹为观止的考古遗址以库库尔坎神庙（Temple of Kukulcan）为中心，它也被称为"卡斯蒂略金字塔"（El Castillo），是墨西哥最著名的阶梯金字塔。它的对面是另一座可与之媲美的武士神庙（Temple of the Warriors）。

P238 (下) 由西班牙殖民时期建筑改造而成的特莫宗庄园酒店（Hacienda Temozón）闪耀着亮丽的"庞贝红"色，俯瞰着下方的一座泳池。

P239 玛雅城市图卢姆（Tulúm）据称是尤卡坦半岛最具魅力的考古遗址，于1517年3月3日被西班牙水手发现。

传说中，尤卡坦的名字由征服者赋予这座墨西哥最风情万种的半岛。尤卡坦半岛一直延伸入加勒比海，每年至少有270天阳光普照。尤卡坦其名来源于“Yuuch-ax-tann”，在玛雅语中意为“我们不明白”。据说，当印第安人无助地看着西班牙人毁灭神庙，掠夺他们的所有财产时，这就是他们在不断重复的一句话，带着宿命般的绝望。可以说，时至今日，古玛雅人的后裔仍然无法理解外国人，明朗外面就有大片的空间和荫凉，他们到底为什么只是蜷缩在一小片沙滩上晒日光浴？

如今作为世界知名的异彩纷呈的度假之都，玛雅海岸（Mayam Riviera）面朝坎昆（Cancún）和图卢姆之间如绿松石般的加勒比海域，雄伟辉煌的玛雅金字塔览尽梦幻海景，是逃离寒冷冬季的理想胜地。在这里，实在太容易沉浸于慵懒的气氛。你或许可以暂时离开海滩，前往举世闻名的考古遗址奇琴伊察。尤卡坦半岛的内陆也会带来绚丽多彩的难忘体验。可以去探访西班牙殖民时期的宏伟庄园，殖民者因大面积种植赫纳昆（Henequen）而积攒了无尽的财富。赫纳昆是一种龙舌兰属植物，常被误认为是剑麻（Sisal），曾用于制作绳子和麻线，其名称来源于尤卡坦的港口，也是从那里，船只满载着赫纳昆向欧洲起航。如今，人造纤维取代了植物纤维，一些庄园也被改造成为了独具魅力的度假酒店。其中，最奢华的当属特莫宗庄园酒店，壮丽的“庞贝红”和18世纪的家居装饰迎接着每一位到访的旅客。每间房间都配有特大吊床和私人温泉。酒店距离海边不到1小时车程，占据着参观尤卡坦魅力首府梅里达（Mérida）的战略要地。你可以从这里出发，沿着普克之路（Puuc Route）游览乌斯马尔（Uxmal）、卡巴约（Kabah）、萨耶尔（Sayil）、西拉帕克（Xlapak）和拉博纳（Labná）等一系列古迹。还可以踏上“修道院之路”（Ruta de los Conventos），从梅里达出发，探寻风景如画的村庄，每一处都拥有独特的巴洛克式宗教建筑瑰宝，一路直达魅力小镇伊萨马尔（Izamal）。这里矗立着1561年建立的帕多瓦的圣安东尼修道院，也是西半球最古老的教堂。每年12月8日和8月15日，当地人都会在这栋明亮的黄色建筑前庆祝尤卡坦最重要的节日，以音乐、色彩，以及玛格丽特酒的纯粹美丽，纪念基督教与古代玛雅仪式的融合。

安伯格里斯岛 / *Ambergris Caye*

伯利兹

P240（上） 1971年，雅克-伊夫·库斯托（Jacques-Yves Cousteau）成为无与伦比的岩溶落水洞——蓝洞（Great Blue Hole）的首位探索者。

P240（下）和241 距离安伯格里斯岛不远，有座私人小岛卡潘多岛（Cayo Espanto），岛上拥有一座私密的度假酒店。探寻美丽的海底世界。潜入水下探索霍尔坎海洋保护区（Hol Chan Marine Reserve，"Hol Chan"在玛雅语中意为"小运河"）的珊瑚礁，面积将近8平方千米的保护区位于安伯格里斯岛南部，也是北半球最大的堡礁中众多壮丽绚烂的潜水点之一。

因摇曳的身姿和优雅的颜色，石美人鱼（Rock Beauty）、女王神仙鱼（Queen Angelfish）和法国神仙鱼（French Angelfish）这三种神仙鱼成为当之无愧的“伯利兹珊瑚礁小姐”（Miss Barrier Reef in Belize）。尽管有彩色的条纹和斑点作为装饰，体型粗壮的鹦鹉鱼在地方水下选美大赛中也只能屈居第二。不过，鹦鹉鱼有个非常奇怪的习惯，如果你在清晨前去潜水或浮潜，就会看到它睡在一个凝胶状的“茧”里，它每晚都会用胶状物将自己包裹起来，以躲避捕食者的攻击。

你可能会好奇它在半透明的“茧”中会做怎样的梦。鱼会做梦吗？这一点我们当然无从得知，但有一点是肯定的：至少对于人类来说，北半球最大的珊瑚礁无疑是一种真正的梦幻奇境。那里光怪陆离的珊瑚和柳珊瑚丛中，栖息着无数鱼类和其他海洋生物。

除此之外，这里还有潜水和浮潜爱好者们不容错过的胜地，从著名的蓝洞到灯塔礁（Lighthouse Reef），和连名字都无比浪漫的半月岛（Half Moon Caye），海水之下有无边盛景等待你的探索。

相比之下，陆地上的伯利兹更加惊艳！在伯利兹最大的安伯格里斯岛上，人们将伯利兹的英文名称“Belize”与表示“难以置信”的英文单词“unbelievable”相结合，制造出了一个新词“unbelizable”。很显然，这体现了伯利兹的惊人盛景。

伯利兹四周环绕着美丽的珊瑚沙滩和迷宫般的红树林，椰子树生长在每一个角落。圣佩德罗（San Pedro）是伯利兹唯一的村镇，那里的小木屋是休闲娱乐的完美休憩之所，洋溢着最悠闲的加勒比风情。这里有最大的潜水公司和旅行社，提供在这个星球上能想到的所有探险旅行。

森林徒步是必不可少的，沿着林中步道，可以到达神秘的玛雅遗址，例如卡拉科尔（Caracol）和苏南图尼奇（Xunantunich）。

此外，还有如王冠般围绕在安伯格里斯岛四周的无数小岛，它们也是这座热带天堂的精髓所在。

其中，距离圣佩德罗港口仅有5.6千米的卡潘多岛，也是一处适合蜜月度假的私密岛屿。岛上只有7栋木屋别墅，全部有专属的独立海滩和码头。当你身处其中，便会感到其他的一切仿佛都已不复存在。就沉溺在这奢华尊贵的梦境之中吧。

天堂岛 / *Paradise Island*

巴哈马

P242—243 埃克苏马群岛（Exuma）中的365座岛屿及岛上的白沙滩点缀在浩瀚大海之中，绵延190千米，是巴哈马最迷人的群岛。这片天堂般的群岛曾是多部詹姆斯·邦德（James Bond）电影的取景地。

当被问及从国际空间站的舷窗遥望地球时哪里的景色最美，加拿大宇航员克里斯·哈德菲尔德(Chris Hadfield)毫不犹豫地回答道："从太空望去，最美丽的地方是巴哈马，那里的大海闪耀着无与伦比的美丽色彩……巴哈马的美是超现实的美，世间存在的每一种蓝色都在这里绽放。"

如今，凭借谷歌地球（Google Earth）的技术，人们不需要到太空漫游就能欣赏到这片拥有700座岛屿（其中只有300座有人类居住）的海域。电脑屏幕上的风景令人心驰神往，仿佛下一秒就要情不自禁地飞往这片小小的天堂，体验只有热带海滩才能给予的自由之感。

当然，只有那些极少数幸运儿，比如好莱坞明星和市值几十亿的跨国公司首席执行官们，才能买得起巴哈马的一座岛屿。而这奢侈房地产市场也正在变得愈加昂贵。不过，可以选择来到这里度假，满足自己的小小愿望。你不需要太过远离充满活力的首都拿骚（Nassau）和国际机场所在的新普罗维登斯岛（New Providence），因为只需跨过一座桥，就能来到令人魂牵梦萦的天堂岛。

天堂岛被称为巴哈马的"游乐园"，许多罕有的事件都在这里发生。首先，天堂岛是唯一一处两次成为加勒比海盗大本营的岛屿.第一次是在18世纪，历史上臭名昭著的海盗亨利·摩根（Henry Morgan）、棉布杰克（Calico Jack）和黑胡子（Blackbeard）都曾来到这里。第二次则是成为由约翰尼·德普（Johnny Depp）主演的电影《加勒比海盗》的取景地。此外，这里也是唯一一座出现在4部詹姆斯·邦德电影中的岛屿。水下格斗和热烈的水下爱情故事在《007之霹雳弹》（*Thunderball*）、《007之海底城》（*The Spy Who Loved Me*）和《007外传之巡弋飞弹》（*Never*

Say Never Again）中上演，而在最近的《007之大战皇家赌场》（*Casino Royale*）中，丹尼尔·克雷格（Daniel Craig）驾驶着阿斯顿·马丁DB5（Aston Martin DB5）在巴哈马最私密的唯逸海洋俱乐部度假酒店（One&Only Ocean Club）前上演了一出精彩的车技表演。

当然，詹姆斯·邦德的动作很危险，最好不要模仿。且忘掉专业的驾车技术，在酒店可以享受更浪漫的趣味活动，比如在梦幻的白沙滩上度过悠闲时光，臻享美味的晚餐，或是在仿照凡尔赛宫又融合了热带风情的巨大花园中漫步。这里甚至还有一座12世纪的奥古斯丁式回廊，所有结构都是从法国拆除后运输至此，再重新还原而成的，成为了热门的婚礼殿堂。天堂岛上，情侣们还可以在珊瑚礁中潜水和浮潜，与海豚湾（Dolphin Cay）中的海豚共舞，或是乘坐双体船浪漫远航。你也可以观察这里的人们，看看能否认出来此度假的明星。碧昂丝（Beyoncé）、艾丽西亚·凯斯（Alicia Keys）和最浪漫的麦可·布雷（Michael Bublé）都是这里的常客。

P244 天堂岛灯塔（Paradise Island Light）是拿骚港口的标志。灯塔建于1816年，是西印度群岛（West Indies）中仍在运营的最古老的灯塔，可以从珊瑚海岸（Coral Beach）步行前往。

P245（上） 由建造美国职业高尔夫球巡回赛（PGA Tour）球场的传奇建筑师汤姆·韦斯科夫（Tom Weiskopf）设计的海洋俱乐部高尔夫球场，是加勒比地区最负盛名的球场。

P245（下） 浪漫奢华的海洋俱乐部度假酒店甚至拥有一座12世纪的奥古斯丁式回廊，所有结构从法国拆除运输至此再还原而成。从回廊拾级而下，享受这座仿照凡尔赛宫而建的瑰丽花园。

蒙特哥贝 / *Montego Bay*

牙买加

P246 博士洞穴海滩（Doctor's Cave Beach）是牙买加最闻名遐迩的海滩，得名于一位19世纪末期的英国骨科医生，他让病人来到这里洗海水浴，以恢复骨骼的健康。不过可以确定的是，来这座岛上度假，享受蒙特哥贝的魅力沙滩、雷鬼音乐，参观最著名的奥乔里奥斯瀑布（Ocho Rios Falls），的确可以缓解压力。

P247 传奇的牙买加圆山别墅度假酒店（Round Hill Resort）的水疗中心，由一座18世纪的殖民地种植园建筑改造而成，面朝一片巨大的草坪和汪洋大海。

“我想爱你，全心全意；
我想爱你，日夜不息；
我想与你，共处同一片屋檐；
我想与你，分享我的单人床。”

这是鲍勃·马利（Bob Marley）《这就是爱吧》（*Is This Love*）中的歌词，这可能是他最浪漫的歌曲了。听到这首歌，你便会想要立刻拥抱你的爱人，或是找到爱人，共舞一曲，然后走进牙买加的某个茅草屋中。因为鲍勃·马利，你可以想象自己已经来到了牙买加这座神秘的岛屿。在年轻人心中，牙买加因短跑运动员尤塞恩·博尔特（Usain Bolt）而知名。即使从未来过牙买加，你也可以从内心感受到它的存在。

牙买加人说，如果你想要阳光、沙滩和棕榈树，就应该去圣巴斯（St. Bath）或加勒比海的其他地方。他们认为，牙买加与加勒比海的联系仅仅是地理上的错误，因为从内心而言，这里完全是非洲的风格。人们来到这里，以追求无限炽热的生活。牙买加拥有其他加勒比地区的一切元素：梦幻的海景、沙滩、棕榈树和假日式的享乐主义。这里能够让你拥有快乐的心情，然而又远远不止于此。牙买加有拉斯特法里教（Rastafarianism）的忠实信徒鲍勃·马利，在首都金斯顿（Kingston），在内格里尔（Negril）西区悬崖（West End Cliff）上传奇的里克咖啡馆（Rick's Café），人们跟着雷鬼音乐的节奏跳舞，日夜不休。你可以去探索岛屿的内陆，品尝世界上最受推崇的蓝山（Blue Mountains）咖啡，漫步于奥乔里奥斯（Ocho Rios）的热带森林，乘坐竹筏在河上漂流，或是在瀑布间浪漫畅游。你可以探秘海边的洞穴，传说里面仍然埋藏着海盗的宝藏。或者，还可以参观维多利亚和乔治亚风格的殖民建筑，不过可要多加小心，因为有些人坚称牙买加最宏伟华丽的玫瑰庄园（Rose Hall House）中，其主人安妮·帕尔默（Annie Palmer）的鬼魂一直在其间游荡。19世纪时，帕尔默居住在玫瑰庄园之中，而牙买加人称她为“白女巫”。传说中，她用巫术和暴行控制着庄园中的许多奴隶，以及她的数任丈夫和情人。蒙特哥贝是牙买加西海岸的一颗明珠，也是度假的理想选择。美国电影演员埃罗尔·弗林（Errol Flynn）使牙买加走进了众人的视野。他于1942年来到这里，并表示“它比我见过的任何女人都要美丽”。弗林成为了圆山别墅度假酒店的常客，这座精美绝伦的殖民风格度假酒店，自此便得到了最精心的修复。内部装潢出自时装设计师拉尔夫·劳伦（Ralph Lauren）的手笔。酒店坐落在蒙特哥贝最富活力的海滩，所谓的“嘻哈地带”（Hip Strip）的中心。剧作家诺埃尔·考沃德（Noël Coward）在其中的一栋别墅中生活、创作。此外还有许多尊贵的客人也曾在此度假，包括英国贵族、国家元首（肯尼迪总统与夫人杰基曾多次下榻于此）、好莱坞明星和摇滚歌星。因此，为了实现你的牙买加之梦，一定不要忘记预订那间玛丽莲·梦露（Marilyn Monroe）和阿瑟·米勒（Arthur Miller）曾经的蜜月爱巢。如果你不相信，餐厅的墙上还挂着一幅他们的合影作为佐证。

小安的列斯群岛 / *The Lesser Antilles*

多国分属

西印度酸橙、糖浆、朗姆酒和碎冰，这就是巴巴多斯（Barbados）的鸡尾酒朗姆潘趣酒（Rum Punch）的配方，基础配方就发明于这座海岛。岛上拥有世界上最古老的商业朗姆酒蒸馏厂，即由英国人于1703年创建的凯珊（Mount Gay）酿酒厂。这里的人们说，为了真正享用这杯美酒，还必须加入另一种成分：海滩。任何一处海滩都可以，因为在这片小安的列斯群岛最东边的岛屿上，有近百处海滩，一处更比一处动人。据说，英国的水手在400年前发明了这种药用鸡尾酒，酸橙可以治疗当时水手中常见的坏血病，而当地人从甘蔗中蒸馏出来的酒则是治疗乡愁的良药。

如今，在加勒比海诸岛中最精致且最具英式风情的巴巴多斯，我敢说每一位坐在海滩上啜饮着潘趣酒的人都可谓乐不思蜀。他们会遥望着地平线，畅想在浩瀚碧海中扬帆起航，开启一段冒险之旅。首都布里奇顿（Bridgetown）市中伫立着历史上著名的舰队总司令霍雷肖·纳尔逊（Horatio Nelson）的雕像，这里也是老式巡游的最佳起点。可以乘坐始建于1931年的传奇四桅纵帆船海云号（Sea Cloud）开启一段激动人心的旅程，看梯形帆在风中鼓荡。这种船的专业名称是大型铁身帆船（Windjammer），船上有32间精致的船舱，舱内陈设着舒适的大床和古董家具。你可以预订一间船舱，或者与最心爱的人一起租下整艘船，以庆祝特别的时刻。无论如何，海云号都会以宏大的气势载你完成为期10天的环程旅行，途经小安的列斯群岛中最精彩的旅游胜地。

每天都有新的刺激等待着你，你可以在多巴哥（Tobago）迷人的军舰湾（Man O'War Bay）或是格林纳丁斯（Grenadines）尤宁群岛（Union Island）的查塔姆湾（Chatham Bay）中潜水，也可以在格林纳达（Grenada）首都圣乔治（St. George）弥漫着肉豆蔻、肉桂、丁香及姜花香气

P248—249 即使在泊满豪华游艇的多巴哥的尤宁岛湾（Union Island Bay），海云号也会脱颖而出。这条长达109米的传奇大型铁身帆船拥有4个桅杆和30面梯形帆，于1931年在德国基尔（Kiel）的造船厂为一名华尔街的股票经纪人富豪建造。

SEA CLOUD

的花园中漫步。你可以探索多米尼克羚羊国家公园（The Cabrits National Park）的丛林，也可以沉醉于瓜德罗普桑特群岛（Îles des Saintes）的法式风情。在圣卢西亚耸立的火山口一览海滩美景，在拿破仑心爱的第一任夫人——加勒比美人约瑟芬·德博阿尔内（Joséphine de Beauharnais）曾经多次光顾的硫磺温泉中尽情畅游。在格林纳丁斯的第二大岛屿贝基亚岛（Bequia）近距离接触玛格丽特公主海滩（Margaret Beach）自然保护区中的海龟。最后，回到巴巴多斯，举起朗姆潘趣酒，向这场浪漫探险和爱情考验之旅致敬。请相信老水手的话："与爱人在帆船上度过的每一天，都相当于在陆地度过的一年时光"。

P250 在巴巴多斯，很难挑选出"最对"的海滩，因为这里的100座海滩各有其独特的万种风情，加勒比海的水下也同样精彩纷呈。

P251 海云号的迷人魅力，不仅体现在柚木甲板和闪亮的铜饰，还有公共区域和令人赞叹的开阔船舱。最奢华的船舱属于它的第一任主人玛荷丽·梅莉薇德·波斯特（Marjorie Merriweather Post），舱内装饰有真正的路易十四家具和织锦，不要忘了还有用卡拉拉（Carrara）白大理石制成的精致壁炉。

塔拉曼卡山脉 / *The Talamanca Mountains*

哥斯达黎加

P252（上） 尽管大部分美洲豹都生活在塔拉曼卡山脉之中，但它们的行踪却极其隐蔽，很难一睹真容。

P252（下） 帕瓜雷旅馆（Pacuare Lodge）位于中美洲非常原始的地区，豪华服务与宜人的环境相得益彰，因此也就不难理解为什么这间套房被命名为“美景屋”（Linda Vista）了。

P253 帕瓜雷河（Pacuare River）发源于塔拉曼卡山脉，南北美洲的各种动植物在此聚集共生。

60多年前，哥斯达黎加决定不建立军队，也不购置军备，而是将资金投入保护和守卫他们最为珍视的大自然中。这里的自然风景的确无与伦比。哥斯达黎加位于巴拿马（Panama）和尼加拉瓜（Nicaragua）之间，两侧分别是太平洋和加勒比海。其面积仅占地球陆地总面积的0.03%，却有全球5%的生物栖息于此。在环境保护方面，哥斯达黎加排名世界前五。只说其中的一条举措便已足够。2000年，世界首家环保航空公司自然航空（Nature Air）在此成立。自然航空以生物柴油作为飞机燃料，并计算每年由其航班造成的碳排放量，捐赠相应数额的资金用以资助自然保护事业。因此，对于关心生态环境问题的人们来说，哥斯达黎加是环境零负荷度假生活的理想之选，可以在这里静享自然，体验惊心动魄的探险，体验生态豪华度假酒店。首都圣何塞（San José）的市内、周边以及海边都坐落着各式度假酒店。不过真正有意思的是，不论在多么偏远的角落，你都能享受到"精致的"探险之旅。其中必须要提到的是塔拉曼卡山脉，密林丛生的山间散布着卡维卡尔印第安人（Cabecar Indian）的聚居区和美洲豹最后的栖息地，演绎出拉丁美洲版的《黑暗的心》（*Heart of Darkness*）。"浸没"在这片原始自然之境中的帕瓜雷旅馆，以唯一使这片天堂与外界相联通的帕瓜雷河为名。的确，为了来到这里，你必须经历一场真正的漂流历险，穿越密林深山，战胜激流险滩，热带鸟类的啾鸣是征途的配乐，别致的林间小屋正静待你的到来。如果你预订的是蜜月套房，那么可以享有一座可俯瞰雨林的私人泳池。这里的一切都将是刻骨铭心的回忆，不论是远足、骑马，观鸟探险，探访土著聚落，还是让你肾上腺素飙升的丛林飞跃。在这项挑战中，你将借助树冠之间架设的木板平台，在近30米的高空中以绳索飞荡长达700米的距离，亲身经历人猿泰山（Taran）和珍妮（Jane）的雨林生活。说到"空中体验"，帕瓜雷旅馆还拥有了别具一格的"埃尔尼多"（El Nido），一座22米高空中的木板平台，设有铺满棕榈叶的屋顶。到了晚上，埃尔尼多便成为情侣们的野外浪漫餐厅。不过，需要注意的是，旅馆中并没有电话、网络或电视（仅在前台处有免费的无线网络）。不过，那又怎么样呢？在一场浪漫的晚餐之后，那些不过是繁琐的累赘，不是吗？

亚马逊雨林 / *The Amazon Rainforest*

厄瓜多尔

在这里，最主要的困难是让你的她相信，你们两人都不会被蚊子吸血榨干，被可怕的蜘蛛毒死，被蟒蛇缠身窒息，或是被食人鱼吞噬殆尽。你要告诉她，的确有一系列关于亚马逊探险的好莱坞电影以悲剧告终，但是实际上，激怒这些“杀人动物”的可能性可谓微乎其微。而且，探索世界上最大、最茂密的绿色天堂之旅，可以说是最好的爱的礼物了。

正是因为亚马逊雨林不可思议的广袤繁密，更需要将旅程精心规划。雨林大部分位于巴西境内，奔腾的亚马逊河（Amazon River）全长6000千米，沿途纳入了10,000条支流。很多其他国家通往丛林深处的道路很便捷，旅游设施能够带来非同凡响的优雅探险和恰到好处的浪漫意境。首先要去的是厄瓜多尔，只需要乘坐飞机30分钟，再乘机动独木舟几个小时，就能够从首都基多（Quito）到达雨林中最神奇的角落。聪明的选择是订购塞尔瓦亚马逊生态旅馆（La Selva Amazon Ecolodge）推出的“蜜月套餐”，包括烛光晚餐和水疗按摩等惊喜服务。这家酒店坐落于美丽的亚苏尼国家公园（Yasuni National Park）边缘，12间超豪华的套房以环保材料建造。亚苏尼国家公园位于纳波河（Napo River）和库阿里河（Cuary River）之间，面积仅为100平方千米，占亚马逊雨林总面积的0.15%。却被认为是世界上生物种类最多样的栖居地。

想让你的伴侣在来到这里以后了解一些相关的资料，最好是由旅馆的自然向导提供讲解。亚苏尼国家公园拥有150种两栖动物、120种爬行动物、382种鱼类、10万种昆虫和586种鸟类，占亚马逊流域全部物种的三分之一。

庞大的猴群和犰狳、貘及美洲豹也栖息于此。至于植物，公园中生长着世界上种类最多的高大树

P254—255 亚苏尼国家公园仅占亚马逊雨林总面积的0.15%，却被认为是世界上生物种类最多样的栖居地。在这里能够近距离接触优雅的虎猫，深入土著原始部落，比如仍用吹箭筒打猎的华欧拉尼族（Huaorani）。

从库斯科到马丘比丘 /

From Cuzco to Machu Picchu

秘鲁

P258 在乌鲁班巴河（Urubamba River）畔海拔2430米的山上，高耸着世界上最恢弘壮观而神秘莫测的考古遗址马丘比丘，以及印加古城库斯科，将在秘鲁度过的一切假日时光推向高潮。嗜血的征服者弗朗西斯科·皮萨罗（Francisco Pizarro）的军队曾驻扎的西班牙殖民建筑，如今成为了拉卡索纳酒店（La Casona Hotel），是度假休憩的最佳地点。

P259 克丘亚族（Quechua）的小男孩和他的小羊驼站在印加古城库斯科的卫城萨克塞华曼（Sacsayhuamán）令人震撼的巨石围墙前。

印加（Inca），一个充满神秘色彩的名字。在秘鲁土著民族主要使用的克丘亚语中，它的意思是“国君”，即这个自称为宇宙中心的国度的半神及最高统治者。而印加帝国的首都库斯科，名称意为“（世界的）肚脐”。印加君主的称谓，也就用来表示他所统治的人类历史上组织最严密、国力最强盛、领土面积最大的帝国。从13世纪起，印加帝国开始统治秘鲁安第斯山脉（Peruvian Andes）的各个民族，占据了从库斯科镶满黄金宝石的太阳神殿（Qurikancha）一直延伸向南美洲的大片领土。令人难以置信的是，这个庞大的帝国竟然在1个世纪后就走向了终结。1531年，狡诈的弗朗西斯科·皮萨罗背叛并杀害了印加帝国的君主阿塔瓦尔帕（Atahualpa），带领一小支西班牙部队灭亡了印加帝国。

为了在印加神秘而迷人的历史之中找寻自己，你需要前往库斯科的拉卡索纳酒店。这里曾是皮萨罗军队的驻地。如今，这里再也没有了战争的气息，取而代之的是西班牙古董家具、精美的克丘亚手工艺品和来自美洲殖民地的最高艺术学府的库斯科艺术学院（Escuela Cusqueña）的珍贵巴洛克绘画。总而言之，这家酒店中蕴含着深厚的文化内涵。当然，这座海拔3399米的安第斯城市也是如此。城市中建有各种广场和富丽堂皇的教堂，尤其是孔帕尼亚教堂（La Compañía）、拉梅赛德教堂（La Merced）和建立在太阳神殿地基之上的圣多明戈天主教堂（Cathedral of Santo Domingo）。骄傲的印第安土著们身披多彩亮丽的斗篷，面部特征表明着他们是阿塔瓦尔帕的后裔。在库斯科工艺品区圣布拉斯（San Blás）的狭窄小巷间迷失方向自有其独特的乐趣。在透明稀薄的空气中望着逐渐西沉的落日在咖啡厅露台上小坐片刻，可以品尝当地特色的古柯叶马黛茶（Mate de Coca），这是治疗高原病的最佳良药。一定要循着克丘亚神话传说的足迹，从库斯科出发前往印加圣谷（Sacred Valley），在为期2天长达40千米的徒步旅行中穿过玉米地和安第斯的古老村庄，以及村中琳琅满目的市场。第二天，你将抵达旅途的终点温泉镇（Aguas Calientes）。小镇俯瞰着乌鲁班巴河，洋溢着欢快的节日气氛，预示着疲惫不堪的徒步之旅之后终于收获了奇妙的奖赏：马丘比丘，印加帝国的“失落之城”。最后需做的努力就是要在黎明前赶到马丘比丘，看第一缕阳光驱散晨雾，呈现出世界上最神秘魅惑考古遗址的宏伟奇观。

特兰科苏 / *Trancoso*

巴西

很少有人知道，葡萄牙航海家发现巴西（西班牙语：descubrimiento）的地点并不是著名的柯帕加巴纳海滩（Copacabana），也不是同样知名的巴伊亚（Bahia）海湾，而是在两者之间。更确切地说，是在与两地相距均为800千米处。1500年4月22日，佩德罗·阿尔瓦雷斯·卡布拉尔（Pedro Alvarez Cabral）首先发现了海岸边的白色沙滩，并高喊着“啊！陆地！”海滩后方，是影影绰绰的热带森林。他在自己的左边看到了远处的山峦。因为这一天是复活节，所以他将其命名为帕斯库尔山（Monte Pascoal），即复活节山（Mt. Easter），尽管山体的形状看起来像是传统的圣诞蛋糕。而登陆的地点则被命名为塞古罗港（Porto Seguro），意为“安全港”，以预示一个好兆头。之后，到1586年，一群耶稣会会士（完全不同于其他更坚定的传教士）在距离登陆点29千米处选择了一块地势平坦的区域，建立了1座教堂和50座小屋，想象着当地土著居民可以在那里与上帝及自然和谐共处。这座小村庄，曾经名为圣若昂巴蒂斯塔土著村（São João Batista dos Indios），如今被当地人称作特兰科苏，是巴西最浪漫的海滨度假胜地，被誉为“南美洲的巴厘岛”。不过，与巴厘岛不同，特兰科苏对大众旅游业有所管控。因此，当你沿着特兰科苏和塞古罗港之间的崎岖道路穿过茂密的丛林，就会发现这里仍然保留着当年被葡萄牙人发现时的风情。夸德拉多广场（Quadrado Square）四周环绕着古老的教堂（也是备受欢迎的婚礼殿堂）和殖民时期的建筑，使人仿佛到达了真正的乌托邦。这里的常住居民包括少数以渔业和农业为生的印第安土著和梅斯蒂索人（mestizo，即混血儿）、从里约热内卢（Rio de Janeiro）和圣保罗（São Paulo）移居此地的艺术家，以及因为没有犯罪发生而完全沦为“摆设”的警察。不过，旅行至此的游客并没有大型酒店可以选择，只能住在极少的几座迷人别致而色彩斑斓的热带风格小旅馆中。其中，最酷的一家当属乌舒亚（Uxua）酒店，在馥郁的花园之间静卧着几栋可爱的小屋，水疗室中更是拥有世界上唯一一面对着上千颗东陵石的泳池，这种奇特的石英石似乎能够有效促进正能量的传递。

P260—261 从特兰科苏的中心夸德拉多广场出发走上几分钟，就可到达乌舒亚卡萨水疗酒店（Uxua Casa Hotel and Spa）拥有的乌舒亚海滩（Uxua Beach），也是特兰科苏最优美的海滩。特兰科苏位于巴伊亚州萨尔瓦多（Salvador）和里约热内卢的正中间，拥有镜子海滩（Praia do Espelho）等众多美丽的海滩，其“新嬉皮士”的风格更是独具流行时尚的魅力。

阿塔卡马沙漠 / *The Atacama Desert*

智利

P262 奥托阿塔卡马沙漠温泉酒店（Alto Atacama Desert Lodge & Spa）参照安第斯的特色村庄以土砖建造而成，并增添了极致奢华的情调。距离这里和圣佩德罗-德阿塔卡马镇（San Pedro de Atacama）不远，就是弗拉门科斯国家保护区（Los Flamencos National Reserve）中的米斯坎蒂湖（Laguna Miscanti）。

P263 阿塔卡马盐湖（Salar de Atacam）海拔2363米，面积3000平方千米，是一处仿佛在火星上才能看到的超现实奇观。令人惊奇的是，盐湖还具有极高的经济价值，因为这里拥有世界上最丰富的锂盐储量。

就是在这里，美国国家航空航天局（NASA）对维京I号（Viking I）和维京II号（Viking II）探测器进行检测，然后发射到了火星之上。在人类历史中，阿塔卡马沙漠从未下过一滴雨，几千年来河床中也未曾有过雨水的滋润，因此是地球上地形特征最接近火星的地方。在月亮谷（Valley of the Moon）中，你会观赏到仿佛只有在外太空才能看到的日落，而这里的风景与我们熟悉的地球完全不同，却又与月亮上极其相似，因而人们将其命名为“月亮谷”。这里的海拔为2000～6000米不等，空气极其稀薄，人需要经过一段时间才能适应。而由于没有光污染和潮湿的空气，这里的天空是如此澄澈，以至于来此观星的天文学家都会感到在与星空进行前所未有的近距离接触。更神奇的是，在旧石器时代，这里曾经出现过繁荣的安第斯文明，而阿塔卡马沙漠就是智利考古的瑰宝。在只有2000余位居民的圣佩德罗-德阿塔卡马镇甚至还建有一座博物馆。

将阿塔卡马沙漠定义为干旱荒芜的土地未免有些委婉，但是如果你认为只有坚韧不拔的人（或太空及天文学爱好者）才会来到这片不毛之地，那就大错特错了。一次“极限度假”（很难找到比这更超越极限的地方了），将会是对爱情的一场考验，也承载着对生活中不可避免的困难以及巨大快乐的无限期待。这里有无尽的快乐源泉：绝美的风景在峡谷尽头或山峰之巅如海市蜃楼般缓缓浮现。世界第三大盐湖阿塔卡马盐湖带给人的是纯粹的震撼，你可以看到清浅的水面上点缀着蘑菇般的盐结晶，还有数以千计的粉红火烈鸟、蜥蜴和骆驼，它们是仅有的能够在此生存的动物。阿塔卡马沙漠中还遍布着数十条徒步旅行线路，可以徒步、骑马或骑自行车欣赏沿途奇异的自然现象，看岩石闪耀出超现实的色彩，看间歇泉喷出的水柱直冲云霄。

当然，阿塔卡马沙漠还将倾情奉献一场与自然环境并不协调的极致奢华体验，就在奥托阿塔卡马沙漠温泉酒店。这家酒店崇尚别致的极简风格，位于迷人的盆地之中，四周遍布嶙峋尖利的红色岩石。还有至少六座游泳池（鉴于沙漠中极度缺水的环境，这也是个相当矛盾的情况），以及私人观景台。总之，这里是真正能够触摸到天空的栖居地。

埃尔卡拉法特 / *El Calafate*

阿根廷

P264 遵照医生的建议，在开启佩里托莫雷诺冰川（Perito Moreno Glacier）探险旅行之前，要先来到优雅而超现代的埃尔卡拉法特设计套房酒店（El Calafate Design Suites）内面朝阿根廷湖（Lake Argentino）的豪华泳池中放松几个小时。这片壮阔的冰川面积达249平方千米，是世界上第三大淡水储备地。

P265 晨曦为菲茨罗伊山（Mt. Fitz Roy）蒙上了一层金色的光影。由于山顶总是云雾缭绕，当地土著马普切人（Mapuche）又称之为查尔顿山（Cerro Chaltén），意为“冒烟的山”。

阿根廷人说，他们最擅长创造神话。不妨想想探戈、伊娃·贝隆（Evita Perón），以及现代最浪漫的英雄埃内斯托·切·格瓦拉（Ernesto Che Guevara）。切·格瓦拉英俊潇洒，血液中流淌着冒险精神。远在他与菲德尔·卡斯特罗（Fidel Castro）见面之前，就已沿着40号国道（Ruta 40）完成了地球上最疯狂的旅行，这场旅行融入了他日后的革命思想之中。这也是一项阿根廷的“神话”，他纵跨了南北高度达8047千米的整个西部地区，从阿根廷与玻利维亚的热带边界，一直行至与智利接壤的巴塔哥尼亚（Patagonia）冰川之巅。不用担心，我们并不建议你重历切·格瓦拉的壮举（他基本上骑摩托车完成了整个旅程），而是想象前往阿根廷最神秘的地区，巴塔哥尼亚、40号国道，或者更准确的说，是连接埃尔卡拉法特和巴里洛切（Bariloche）之间的旅途。

这里的路面并不平坦，这是委婉一些的说法。但它从隐逸的乡村，一路蜿蜒通向壮美的广袤牧场。当菲茨罗伊山已经遥遥在望，你就会意识到目的地已经近在咫尺。边陲小镇埃尔查尔顿（El Chaltén）是这座登山胜地的基地，而其与埃尔卡拉法特之间的最后一段路程就是巴塔哥尼亚最迷人的风景罗斯·格拉希亚雷斯冰川国家公园（Los Glaciares National Park）。在面积为4459平方千米的冰原上，有47座冰川和无数山川湖泊。

埃尔卡拉法特建于1927年，依傍在阿根廷最大的水域阿根廷湖的南岸，是通往冰川国家公园的主要通道，也是在疲惫的长途旅行后能够放纵一番的旅游胜地。梦幻的埃尔卡拉法特设计套房酒店，有着出乎意料却让人求之不得的当代优雅与奢华。在前往佩里托莫雷诺冰川之前，别忘了在这里休息一晚。在那里，淡蓝色的冰川在蒂姆帕诺斯运河（Canal delos Tímpanos）和阿根廷湖的主要水域之间开启了一条通路。到了夏天，如果幸运的话，你还可以观赏到因海平面上升而崩裂的冰川坠入湖水之中，发出雷鸣般的轰响。

如果你没能看到这样的奇观，也许以后还有其他的机会。埃尔卡拉法特得名于卡拉法特浆果，其颜色和味道都与越橘相似，只生长在这片区域的荆棘丛中。而在印第安土著特维尔切人（Tehuelche）的传说中，吃了这些浆果的人就一定会再次回到巴塔哥尼亚。因此，在湖边浪漫散步的途中采集一些卡拉法特浆果吧，或者在旅馆点一杯浆果果汁，也许还得再配上一份冰淇淋。

Page 172 bottom Courtesy of the Ksar Char-Bagh
Page 173 Urs Flueeler/Zoonar/Age Fotostock
Pages 174 top, 174 bottom, 175 Marcello Bertinetti
Pages 176 top, 176 bottom, 177 top, 177 bottom Dylan Chandler, Courtesy of the Nour el Nil
Pages 178 top, 178 bottom, 179, 181 Courtesy of the Frégate Island Private/Oetker Collection
Pages 180-181 Cornelia Doerr/Getty Images
Page 182 top Frans Lanting/National Geographic Creative
Page 182 bottom Michael Poliza/National Geographic Creative
Page 183 Bill Bachmann/Age Fotostock
Page 184 top Adam Jones/Getty Images
Page 184 bottom Dustie/Shutterstock
Pages 185 top, 185 bottom Courtesy of the Cottar's 1920s Camp
Page 186 Hector Conesa/123rf
Page 187 Suzi Eszterhas/Minden Pictures/National Geographic Creative
Pages 188 top, 188 bottom, 189 top, 189 bottom Courtesy of the Singita Serengeti
Pages 190 top, 190 bottom, 191, 192, 193 top, 193 bottom Courtesy of the Constance Tsarabanjina Resort
Pages 194 top, 194 bottom Courtesy of the Le Touessrok
Page 195 Iconodec/Alamy/IPA
Page 196, 197, 198, 198 Courtesy of the Royal Livingstone Hotel
Page 199 John Warburton-Lee/Getty Images
Page 200 Niels van Gijn/JAI/Corbis
Pages 201 top, 201 bottom Courtesy of the Dana Allen/ Little Mombo Camp
Page 202 top Sergio Pitamitz/Hemis.fr/Corbis
Page 202 bottom Courtesy of the Dana Allen/Little Mombo Camp
Pages 203 top, 203 bottom Courtesy of the Dana Allen/ Little Mombo Camp
Page 204 top Michelle Sole/Shutterstock
Pages 204 top, 205 Courtesy of the Sabi Sabi Private Game Reserve
Pages 206 top, 206 bottom, 207 McPhoto/IQ Images/Age Fotostock
Pages 208 top, 208 bottom, 209 top, 209 bottom Courtesy of the Dunes Lodge (Wolwedans Collection)/NamibRand Safaris
Page 210 top Wave Royalty Free/Age Fotostock
Page 210 bottom Courtesy of the Nita Lake Lodge
Page 211 John Pitcher/iStockphoto
Pages 212 top, 212 bottom, 213 Courtesy of the The Resort at Paws Up
Page 214 top jovannig/Kalium/Age Fotostock
Page 214 bottom Courtesy of the The Wauwinet
Page 215 Raymond Forbes/Age Fotostock
Page 216 John Greim/Age Fotostock
Pages 216-217 Jihan Abdalla
Page 218 top Jared Ropelato/Shutterstock
Page 218 bottom Courtesy of the Kodiak Greenwood/ Cavallo Point
Page 219 fcarucci/iStockphoto
Pages 220 top, 220 bottom Courtesy of the Kodiak Greenwood/Cavallo Point
Page 221 Andrew Zarivny/123rf
Page 222 top phbcz/iStockphoto
Page 222 bottom Courtesy of the Moab Under Canvas
Page 223 Doug Meek/Shutterstock
Page 224 lightpix/iStockphoto
Pages 224-225 Francesco R. Iacomino/Shutterstock
Page 226 top Henryk Sadura/Tetra Images/Age Fotostock
Page 226 bottom Kord.com/Age Fotostock
Page 227 Richard Ellis/Age Fotostock
Page 228 top Dave Allen Photography/Shutterstock
Page 228 bottom Blaine Harrington III/Corbis
Pages 229 top, 229 bottom Courtesy of the Wentworth Mansion/Charming Inns
Page 230 top Courtesy of the Little Palm Island Resort & Spa
Page 230 bottom Kord.com/Age Fotostock
Page 231 Tom Stack/WaterFram/Age Fotostock
Page 232 Image Source/Getty Images
Pages 232-233 David Doubilet/National Geographic Creative
Page 234 top Sorin Colac/123rf
Page 234 bottom Courtesy of the Las Ventanas al Paraiso
Page 235 Christopher Swann/Specialist Stock RM/ Age Fotostock
Pages 236 top, 236 bottom Courtesy of the Edgardo Contreras/L'Ôtel San Miguel de Allende
Page 237 Craig Lovell/Ramble/Age Fotostock
Page 238 top Massimo Borchi/Archivio White Star
Page 238 bottom Courtesy of the Hacienda Temozón
Page 239 Antonio Attini/Archivio White Star
Page 240 top Bobby Haas/National Geographic Creative
Page 240 bottom Olivera Rusu per Cayo Espanto - www.aprivateisland.com
Page 241 Norbert Probst/imagebroker/Age Fotostock
Pages 242-243 Juan Carlos Muñoz/Age Fotostock
Page 244 Ramunas Bruzas/Shutterstock
Pages 245 top, 245 bottom Courtesy of the One&Only Ocean Club
Page 246 top Doug Pearson/JAI/Corbis
Page 246 bottom Alvaro Leiva/Age Fotostock
Page 247 Courtesy of the Round Hill Hotel & Villas
Page 248 Peter Phipp/Age Fotostock
Page 249, 251 top, 251 bottom Courtesy of the Sea Cloud Cruises/Hansa Treuhand Group
Page 250 top Neil Emmerson/Robert Harding Picture Library/Age Fotostock
Page 250 bottom Norbert Probst/imagebroker/Age Fotostock
Page 252 top Edwin Giesbers/naturepl.com/BlueGreen
Pages 252 bottom, 253 Courtesy of the Pacuare Lodge
Page 254 Pete Oxford/Minden Pictures/National Geographic
Page 255 Danita Delimont Stock/Age Fotostock
Pages 256, 257 top, 257 bottom Courtesy of the La Selva Amazon Ecolodge & Spa
Page 258 top Antonio Attini/Archivio White Star
Page 258 bottom Courtesy of the La Casona/Inkaterra
Page 259 Danita Delimont Stock/Age Fotostock
Pages 260, 261 Courtesy of the Piero Zolin/Uxua Casa Hotel & Spa
Pages 262 top, 262 bottom Courtesy of the Alto Atacama Desert Lodge & Spa
Page 263 holgs/iStockphoto
Page 264 top Alfio Garozzo/Archivio White Star
Page 264 bottom Courtesy of the El Calafate Design Suites
Page 265 Pichugin Dimitri/Shutterstock

Cover
One&Only Hayman Island - Inner Reef Langford Island
Courtesy of the One&Only Hayman Island. Photographer: Simon Upton

Back cover
Top: Lapland / Sweden
Courtesy of the I ce Hotel

Center, left: Champagne / France
Courtesy of the Domaine Les Crayères

Center, right: Chiang Mai / Thailand
Courtesy of the Dhara Dhevi

Bottom, left: Maasai Mara / Kenya
Courtesy of the Cottar's 1920s Camp

Bottom, right: Sunnmøre Alps / Norway
Courtesy of the Juvet Landscape Hotel

图书在版编目（CIP）数据

梦幻假期：全球81处浪漫旅行地 /（意）加斯米娜 · 特里弗尼（Jasmina Trifoni）著；张紫微译. —武汉：华中科技大学出版社，2019.1
ISBN 978-7-5680-4685-5

Ⅰ.①梦… Ⅱ.①加… ②张… Ⅲ.①旅游指南-世界 Ⅳ.①K919

中国版本图书馆CIP数据核字（2018）第237305号

WHITE STAR PUBLISHERS

WS White Star Publishers® is a registered trademark property of White Star s.r.l.

简体中文版由White Star s.r.l授权华中科技大学出版社有限责任公司在中华人民共和国境内（但不含香港、澳门和台湾地区）出版、发行。
湖北省版权局著作权合同登记　图字：17-2018-257号

出版发行：华中科技大学出版社（中国 · 武汉）
华中科技大学出版社有限责任公司艺术分公司
电话：(027) 81321913 (010) 67326910-6023
邮编：430223
出 版 人：阮海洪

责任编辑：莽　昱　舒　冉
责任监印：赵　月　黄鲁西　　封面设计：魏薇薇

制　　作：北京博逸文化传播有限公司
印　　刷：北京市房山腾龙印刷厂
开　　本：720mm × 1020mm　1/8
印　　张：34
字　　数：95千字
版　　次：2024年7月第1版第2次印刷
定　　价：298.00元

华中出版
本书若有印装质量问题，请向出版社营销中心调换
全国免费服务热线：400-6679-118　竭诚为您服务